横顶村

山东村落田野研究丛书

张士闪 李松 总主编

刁统菊 著

山东大学出版社

总序

编纂一套山东村落田野调查方面的丛书，立意甚早。20 多年来，以山东大学为核心的山东民俗学团队，每年都会安排多次村落田野调查活动，许多博士、硕士学位论文也以村落为田野点，注重对田野材料的挖掘与分析，紧贴乡土作实证研究，迄今竟有百村之数。学术论文的阅读群终归有限，将这些辛苦得来的第一手田野资料，以写实的手法呈现出一个个真实的村落世界，向社会提供一份可信的国情资料，一直是我们共同的心愿。

2016 年夏，山东大学民俗学研究所与山东大学出版社共同策划、申报“山东村落田野研究”选题，并于 2017 年春被列入国家出版基金规划资助项目，夙愿终偿。我们从以山东村落为田野点的博士、硕士学位论文中遴选出 20 种，邀约作者遵循“深描村落生活，凸显村民主体，梳理乡土文脉，展现国情底色”的原则，进行改写或重写。为使这一原则不致落空，我们课题组密集举办三次小型研讨活动，达成如下共识：

首先，小中见大，述而见议。这套丛书所选村落虽然都在山东，但学术视野并不自我设限，讲究以小见大，寓学理于讲述之中，助推对于中国社会的深入理解。这需要作者秉持综合、开阔的学术眼光，既关注村落的历史脉络，涵括其驳杂的历史动态，又聚焦当今村民主体话语，反映村落的社会现实和未来走向。

其次，关注传承，着眼动态。在乡土社会发生剧变的当下，我们理应重新观察和思考作为人类最基本的生活共同体的村落，关注其自治传统的传承及组织机制，得出符合其自身历史实际和内在逻辑的阐释。村落描述，不应该成为乡村琐事的拼盘，也不是对于一个个村落凝固幻象的编织，甚至也

不应满足于立此存照式的一幅幅风俗画。我们深信，就在众多村落所呈现的异同之间，蕴含着中国基层社会的真正奥秘。

再次，村民本位，日常视角。坚持村落民俗志描述中的村民本位，摆脱那种将文人的文字传统视为“唯一性知识”的旧习，将村民日常使用更广泛的口述、物象、仪式等知识形式，放在至少是与文字同等的位置。我们深知，白纸黑字所代表的文字表达传统，仅仅是占社会总体人数很少的文人阶层所推重的一种特殊知识形式，而远非人类知识之全部。在乡村社会中尤其如此。将村落的历史、当下与未来贯穿起来的村民，在“过日子”中凝结而成的丰富知识形式，理应在村落民俗志中显现光彩。我们期望这套丛书出版后，不仅供学者研究、都市人阅读，还有村民愿看，甚至成为村落典藏。让乡土知识真正实现“从民众中来，到民众中去”，是我们最大的心愿。

新世纪以来，随着以全球化、都市化为特征的现代生活的迅速普及，乡土民俗的连续性、系统性、整体性已严重受损，曾作为中国社会主体的乡土村落正经历巨变。但无论如何，村落依然是中国传统文化的重要承载地，农民是绝不可轻忽的文化传承主体。当代学者的一项重要使命就是关注村落，将村落中的人、事、文化传统与生活现状等视为一个整体，通过深描村落社会运行的逻辑，阐释村民的生活世界及其赋予生活的意义之所在，并在此基础上对其组织形态、机制及变迁予以描述与推导，这对于理解中国乡村文化传承乃至整个中国社会大有裨益。我们深知：梳理中国村落的历史来路，叩问其从何而来；展示由形形色色民俗事象所构成的村落人文世界，理解现状与内在脉络；观察村落在现代化进程中的遭遇与新创，关注其向何处去——这应该成为村落研究介入当代中国社会发展、彰显乡村文化茁壮活力的基本向度。

一、中国村落研究传统

生于乡土，终老乡土，曾在漫长岁月中被绝大多数国民视若天经地义，这一社会事实本身即足以显示村落的意义。我们相信，“在村落中研究”（格尔兹语）的学术实践，在当今“世界史”“全球史”风起云涌之际，不仅没有过时，而且不可或缺。毕竟，无论是重述“亚洲”，还是重述“世界”，我们仍要以乡土中国为立足点。

传统意义上的村落，自有其历史渊源与发育过程。村落社会的组织与运行，离不开稳定的民俗传统的传承。民俗传统既具有群体规约性质，又能为民众提供身份认同与人生意义，因而蕴含生机，常在常新。村落之为“问题”，乃是19世纪末20世纪初，一批知识分子基于晚清社会之变局“眼光向下”的产物：一方面，受西方入侵影响，新的生产方式与经济结构已日益内嵌于中国基层社会，传统时代城乡互动的社会运行模式被打破，作为中国乡土社会基本单元的村落日渐萎缩，成为当时中国社会整体发展失衡状况的表征之一；另一方面，以“西学东渐”为背景而形成的革命性、现代性强势话语，逐渐渗入乡土社会，持续改写着村落发展的内在逻辑，造成了民间自治传统的失衡或断裂。[①] 以此为背景，乡土社会成为当时知识精英普遍关注与“拯救”的对象，村落则成为中国现代学术研究的重要单元。

诚然，学术活动不能没有研究单元的设计。20世纪上半叶，以费孝通、林耀华等为代表的中国学者，就注意选择村落或村寨为研究单元，并在其学术生涯中长期坚持，认为村落既是便利研究者做全面了解的较小的社会单位，又是反映人们社会生活的比较完整的切片。[②] 其中奥秘，恰如英国人类学家布朗所强调的，对于一个村庄进行细致入微的研究的意义在于——既要看到村落社区生活的某一个方面在整体的社会生活中的功能，也要看到这个村落本身的组成结构。[③] 钟敬文在1983年中国民俗学会成立的讲话中，将“搞民俗学当然着重在广大农村”当作不言而喻的前提[④]，后又在不同场合多次表述，获得了国内民俗学界的广泛响应，乃至成为经典范式。20世纪90年代初，刘铁梁从民俗传承生活空间的角度，论述了村落作为基本研究

---

① 参见张士闪：《“顺水推舟”：当代中国新型城镇化建设不应忘却乡土本位》，载《民俗研究》2014年第1期。

② 参见费孝通：《江村经济——中国农民的生活》，商务印书馆2001年版，第24页。

③ 转引自赵旭东：《权力与公正——乡土社会的纠纷解决与权威多元》，天津古籍出版社2003年版，第10页。

④ 参见钟敬文：《民俗学的历史问题和今后的工作》，载《钟敬文自选集》，首都师范大学出版社2008年版，第409页。

单位的意义，明确了村落研究在民俗学学科中的理论地位。[①] 时至今日，以村落为单元进行研究的学者仍为数众多，跨越民俗学、人类学、社会学、历史学、民族学、艺术学等学科。诚然，在国土广袤的中国，无论从事怎样的课题研究，从相对自成体系而又较小的村落生活共同体入手，自有其合理性，而且有望产生深厚的学术理论意义。更何况，村落研究还被赋予认知历史、立足当下、面向未来的重要使命。村落形态尽管一直处于或微或巨的变化之中，但它所塑造的文化模式与传统，在可预见的未来中国仍具重要价值，乃是不争的事实。

但与此同时，对于以村落为研究单元的批评一直不绝于耳。美国学者施坚雅的批评可谓尖锐："研究中国社会的人类学著作，由于几乎把注意力完全集中于村庄，除了很少的例外，都歪曲了农村社会结构的实际。如果可以说农民是生活在一个自给自足的社会中，那么这个社会不是村庄而是基层市场社区。"[②]在施坚雅的"市场圈"理论之后，又陆续出现了祭祀圈、婚姻圈、联村组织等研究范式，对村落研究模式予以拓展，努力将村落单元置于更大范围的区域社会脉络中予以理解。毕竟，村落社会并非村民的简单集合，村民生活也并非只与村落有关。自古及今，村民与村外世界联系的普遍性是无可置疑的。[③]

围绕村落作为研究单元的种种争论，有相当多的误解在内。比如：对于村落生活共同体的基本理解，是被动、静态，还是动态、开放？争论双方其实是基于不同的预设。村落研究，如果将村落理解为动态、开放的社区，就应该成为从村落出发的研究，以小见大地拓展个案研究的价值，而那种从较大区域展开的研究，如果将村落理解为被动、静态的社区，也不见得就一定贴

---

① 参见刘铁梁：《村落——民俗传承的生活空间》，载《北京师范大学学报（社会科学版）》1996年第6期。最近，他对此作了更明确的表述："村落被民俗学者视为田野调查的最佳场域，也是最基本的空间单位……民俗学把村落作为一个整体的小社会进行观察和分析。在村落中观察到的民俗文化事象，具有时空的限制意义。"（刘铁梁：《"深描"中国村落文化变迁》，载2017年7月10日《中国社会科学报》）

② [美]施坚雅（G. William Skinner）：《中国农村的市场和社会结构》，史建云、徐秀丽译，中国社会科学出版社1998年版，第40页。

③ 即使在前现代化时期，村落本身也不可能像老子所说的"鸡犬之声相闻，民至老死不相往来"，如多村共用一庙、信仰仪式的村落轮值等。当代学界热衷于以"古村落""传统村落"等为研究对象，频繁使用"原生态""原汁原味""本真性"等概念，其实都是以将封闭自足视作村落的"典型"状态为预设的。

近了“农村社会结构的实际”。其中的关键，是对于乡村社区与村民主体之间互动关系的理解，而不在于所选择的研究单元的大与小。即便是规模不大的村落，毕竟也是民众多种力量共存的、活态的生活共同体。其实，在中国乡土社会研究中，真正让人遗憾的是对于村民主体性的轻忽或漠视，这是在上述研究模式中一直未能得到根本改变的死角。

二、村落研究，应聚焦民众主体

绝大多数的村落研究，往往将民众的文化笼统地归于“民俗”，似乎民众的文化生命是以“民俗传承”来丈量或维系的。厘清民众与民俗的关系，将有助于拨开笼罩在村落研究中的多重迷雾。民俗，究竟是民众自发的文化创造，还是基于“一二人倡之，千百人和之”的精英引领，抑或不过是国家大一统进程中“礼化为俗”的结果？细究之，上述三种观点虽都不免以偏概全，却也都道出了民俗的某一要义。若将三者统观，庶有助于对“民俗”乃至村落的理解。

首先，民俗的本质是民众主体的文化创造，自无可置疑。民俗传统，即民众在长期生活实践中，以约定俗成的方式促使某种价值规范发生从世俗到超验的升华过程。值得注意的是，这一升华过程绝不是一朝一夕所能成就，也并非一成不变，而是在民众生活共同体内部始终蕴含着多变的可能，呈现出活态性质。同时，再有力的国家行政运作，也无法随意篡改民俗传统或改变村落社会的民众主体性质。近年来对于当代村落的近距离观察，使我们更加确信：在当下新型城镇化的浪潮中，民俗传统不仅没有遁隐，而且变得更富弹性与多元。时至今日，某些村落的发展轨迹时显诡异，其“突然终结”与“奇迹再生”之现象让人大感迷惑。究其实，民众力量在社会剧变中的屈抑与释放当是理解这一现象的重要维度。

其次，自古以来，民俗的形成与发展均离不开知识精英的引领作用。我们在田野作业中发现，很多民俗传统一开始是作为事件应激之文化反应而出现的，如村落形成之初的生存所需、灾乱年头的秩序维持、太平时期的发展机遇捕捉等。这种因应激而形成的文化反应，不会随着事件的完结而迅即消失，而是沉淀、扩散到地方生活中，形成社会经验，此后又会在后发的事

件应激中被运用，最终磨合成一种社会行为模式。在应激事件、应激性文化反应与社会行为模式的互动过程中，离不开少数文化精英的有意识运作，并最终使之沉淀为乡土民俗。恰如“民俗”之作为现代学术概念，也是伴随着现代城市化的发展进程而为知识精英所发明并设置意义的。正像铃木正崇所说：“直到近代，‘民俗’与‘传统’在消灭和生成的间隙中得以发现。”[①]不过，少数知识精英的引领作用，从来是与其“适于时而合于势”的行为选择密切相关的。兹以地方志书中的灾荒记录为例予以简单说明。地方志书中总是凸显地方精英的非凡作用，比如为减税急赈而为民请命、订约立碑以控制社会秩序等，而将一方民众作为背景因素，至多以“民不聊生”“饥民四起”等语大略言之。这显然并非社会事实。实际上，精英的行为往往是受地方社会情势所激，其对于当时国家政治态势的估测，与对于地方民众心理的揣度，为其行为选择提供了关键性依据。但作为地方社会情势重要构成因素的民众，却在地方志书中被大大忽视了。

再次，中国很早以来就已形成所谓的“礼俗社会”，传统中国作为一个复杂社会系统，在民间生活与国家政治之间有着复杂而深厚的同生共存关系。纵观一部中华文明传承发展史，国家意识形态经常借助对民俗活动的渗透而在乡村生活中贯彻落实，形成“礼”向“俗”落实、“俗”又涵养“礼”的礼俗互动的政治框架。礼俗互动，既包括民众向国家寻求文化认同并阐释自身生活，也体现为国家向民众提供认同符号与归属路径。换言之，借助民俗文化的生机跃动，民间社会始终发挥着对于主流文化的葆育能力。以此为基础，在中国社会悠久历史进程中的“礼俗互动”，就起到了维系“国家大一统”与地方社会发展之间平衡的作用。[②] 国家政治与民间自治之间的互动关系，不仅形塑着社会组织的基本形式，也由此产生了社会生活层面的文化交织现象：“国家对村落的政治干预与民间自治之间有长期互动的历史，结果是形成了今天(家族村落)聚落联合体的基本组织形式。”[③]以此理解中国大地上的众多村落，庶有较通观的眼光。

---

① [日]铃木正崇：《日本民俗学的现状与课题》，赵晖译，载王晓葵、何彬编：《现代日本民俗学的理论与方法》，学苑出版社 2010 年版，第 3 页。

② 参见张士闪：《礼俗互动与中国社会研究》，载《民俗研究》2016 年第 6 期。

③ 刘铁梁：《传统乡村社会中家庭的权益与地位——黄浦江沿岸村落民俗的调查》，载《北京师范大学学报(社会科学版)》2001 年第 6 期。

三、村民口述的意义

走进村落,不仅要关注“民生”,而且要体察“民心”,感受民众生活史与心态史的双重意义。面对民众的生活与文化,传统的学术工具似乎不那么灵光了。

比如,我们在村落调查中,经常有各种各样的困惑。为什么历史上的某一事件,会频繁地被村民表述,还被表述者加上了许多的发明和创造?不仅如此,看起来离“真相”越来越远的表述,反倒经常成为后人的话题中心,并在现世生活的裹挟下发生效用,而事件本身(即所谓“真相”)倒不见得重要了。还有,为什么是历史上的这一事件而不是另一事件,频繁地被这一地方而不是另一地方的人不断关注,并“折腾”出了这样的而不是别样的传统?有果必有因,有事必有人,民间自有其文化选择与传承的机制——没有关注,就不会有表述;没有关注和表述,就不会有传统的发明和创造。

显然,前者关注的是一种文化传承的线性历史,后者则关注其内在结构逻辑,耶鲁大学教授萧凤霞试图以“结构过程”①涵括二者。要想真正地解惑答疑,就必须在具体的区域社会空间中将二者结合起来,关注某一传统从过去到现在的建构过程与多元指向,并特别聚焦其主体表述。这一研究模式的策略是,一种传统在不同时代留下的表述有或微或巨之别,而就在种种表述的同异之中,蕴含着区域社会发展的历史脉络与内在逻辑。因此,我们的工作首先是挖掘各种表述,然后在各种表述之间寻找关联,总结民间叙事的特征,并在此基础上还原“社会事实”,建构逻辑关系。鉴于历史上官方、知识精英与民众的互动情形驳杂不一,我们今天所见的“传统”基本上都已经历过无数次改写,只是我们难以知情罢了,因此必须保持足够的警觉。这也意味着,我们在关注传统的线性历史脉络的同时,要特别关注地方社会中人的创造能力及创造逻辑。

用这样的眼光看,民间口述材料中所谓的“随意性”,不但不应是拒绝采信的理由,反倒要视为民间叙事乃至地方生活的应有特征,为我们解读历史

① 萧凤霞:《廿载华南研究之旅》,载《清华社会学评论》2001 年第 1 期。

提供了一种相对稳实可靠的地方逻辑。一个人（当然也包括多人）对于同一事件的不同表述，既可以是基于生活状态与交流情境不同而形成的差异，也可能是他对事件表述的不同侧面的选择，还可能是他自身“觉昨非而今是”而有所改变的结果。叙事者，既是能动的个体，又会受到国家历史进程与地方社会发展格局的影响。更重要的是，国家历史进程与地方社会发展并不是作为人类个体活动的静态背景而存在的，而是通过无数个体的能动性活动才得以实现的。个体与群体的叙事及其他行为，对于地方社会发展与国家历史进程的推动作用，至今尚难以准确估测，但在它们之间存在着至为复杂的关联与互动关系，则毫无疑问。因此，民间叙事基于村落生活而呈现出的所谓“随意性”，不但不是田野研究的绊脚石，反倒蕴含着学术进步的契机，因为这是理解村民的历史观、价值观的必由之径。

村落中的民间叙事，还会努力保持与地方志、族谱、文人著述等文字传统的一致性。比如，它们都倾向于将本地区的历史与文明传统演绎得悠久古老，竭力与上古圣贤、神灵怪异建立关联，以贴近“人杰地灵”的叙事逻辑。显然，地方社会一直在不断地重新定义和建构自身传统的神圣与伟大，只不过官方和文人的叙事多以县境为单元，村民则多以村境为指向，官民之间经常发生的“文化合谋”即在此背景下展开。这与现代婚礼上对于恋人“缘分”的演绎，电视选秀者对其生平际遇的“赋值”等现象，如出一辙。其中的关键是如何建构叙事的合理性，以感染受众，并挟以自重。由此可知，执着于对民间叙事证实或辨伪的学者，既难以理解历史，也不能洞悉民众智慧。

村落研究，是不能不将历史学与民俗学、人类学的研究方法加以综合运用的。就村落史研究的学科传统而言，历史学追求历史真相，其研究注重证实或辨伪，而民俗学、人类学则关注民众如何记忆历史，以及为什么这样记忆历史。村民的历史记忆可以是虚构的、附会的、可改变的，因为它指向的是意义。比如，在山东各地的移民传说中，潍水以西大都说是来自山西洪洞大槐树（有的强调是由河北枣强中转而来），潍水以东的胶东半岛则普遍流传着“小云南移民”的说法。虽然众口一词言之凿凿，但在历史上不可能村村如此。然而，人们还是将传说演绎为一种显赫话语，争相讲述、争论与传播。在争来说去之间，这一传说就被广阔地域的人们演绎为一种有意义的历史记忆，衍生出文化认同、精神安顿等现实意义。克拉克认为：“人类学者一向比社会学者和历史学者对于历史意义的重要性更为敏感。和‘什么事实际上发生过’同样重要的，是‘人们以为发生过什么样的事’，以及他们视它有多么重要的。”[①]真正的村落研究，不仅是在为包括历史学在内的多种学科提供民众口述资料，其实还有更为重大的使命，就是挖掘和呈现民众生活实践中的文化创造及其价值建构。遗憾的是，后者至今仍为包括民俗学者在内的众多学人所轻忽。

四、以学者与村民合作的民俗志书写方式，推进当代村落研究

近年来学界劲吹“田野风”，进入村落成为时尚。特别是有老建筑遗存的古村，学人更是纷至沓来。热衷于进村者，并非都出于对村落价值的珍视与对村落发展的关怀，但对村落的影响却是强大而持续的。在这一切的背后，是国家战略聚焦乡村，社会资本涌入乡村，乡村成为当代社会的“宝地”。

历史告诉我们，乡村社会的良好发展是国家长治久安的基础。不过，在此时此刻，如下追问也许并非多余：我们真正了解我们匆遽进入的乡村吗？我们所理解的、要保护的乡村文化生态是自然真实且可持续的吗？我们的意愿也是生于斯长于斯的众多父老乡亲的愿望吗？这方水土会因我们的进入而更加美好吗？须知，在“现代化发展”这一庞然大物面前，乡村自然与人文生态系统是何等脆弱，而乡村所积淀的传统智慧对于人类未来发展则弥足珍贵，任何人、任何力量都无权损之毁之。广阔的农村天地首先需要被准确认知，然后才有可能“大有作为”。面对村落，如何才能更好地认知、更深入地理解与更准确地描述呢？

就本套丛书的众多作者而论，虽然早先在博士、硕士学位论文的写作过程中，已对村落有相当了解，但受到学位论文写作时间的限制与研究能力的制约，其村落民俗志描述少有村民的内部视角。我们期望在这套丛书的写作中，通过学者与村民的深度合作，尽量多地呈现二者的不同视角，尽

① ［美］克拉克(Samuel Clark)：《历史人类学、历史社会学与近代欧洲的形成》，贾士蘅译，载［加］玛丽莲·西佛曼、P. H. 格里福编：《走进历史田野——历史人类学的爱尔兰史个案研究》，(台北)麦田出版股份有限公司1999年版，第386页。

量多地留存鲜活的乡土气息。

1. 对于村民的内部知识，不妄加评论，而采用现象描述的方式，呈现真实的民众心态。

初入田野者，最常见的毛病便是盲从自己的知识“先见”，乍见村落种种现象，就匆匆忙忙做类型区分和价值判断。比如，对于村民信仰活动，或要评判是否迷信，或要区分是道教还是佛教。这样的知识“先见”，其实是基于对中国社会的肤浅理解。看似荒诞不经的言行，往往背后蕴含着民众的真实心态，是解读村落心史的难得资料。本套丛书中《胡集村》一书的作者王加华，曾携初稿进村交流。村民以当地说书前惯用的几段开场白[①]为证据，坚持认为本村起源于春秋时期，已有 2000 多年历史。这一说法无疑是非历史的，却正反映了村民希望将本村历史拉长与神圣化的真实心态。作者最终定稿时，对此就没有予以简单地抹杀或揶揄，而是在列举地方志书中的“明初立村说”之后，呈现村民的“春秋立村说”及其依据，同时保留村民的其他说法，这无疑是确当的。

当然，在学者与村民的交流中，也会有村民揣摩学者意图而对村落内部知识加以改装，往学者这边贴靠。这既与现实生活中学者话语的强势地位有关，也表现出村民对外来话语（包括学者）的利用心态，后者尤其值得注意。一些有见识的村民，一旦察觉到学者话语有助于所在村落的“增值”，往往就会抛弃己见，欣然赞同学者的说法，甚至热心地帮助寻找证据。虽然这也是村落知识增长的一种方式，但目前却还处于不稳定状态，需要将之与村落中比较稳定的知识范畴相比照，否则，我们对村落的理解就不免浮光掠影。

2. 丛书最后特设专章“村里的人　村里的事”，附录“重要民俗资料提供者简介”与村民所用文献，以凸显村民的主体叙事视角。

“村里的人　村里的事”专章的设计，意在以词条单列的方式，突破传统村落民俗志书写的静态幻象，在以事带人的生动描述中展现村落中的特

---

① 胡集书会汇聚南北说书人，常用的开场白有：“道德三皇五帝，功名夏后商周，五霸七雄闹春秋，顷刻兴亡过手。”“孔夫子周游列国，子路沿门教化。柳敬亭舌战群贼，苏季子说合天下。周姬佗传流后世，古今学演教化。”“扇子一把抡枪刺棒，周庄王指点于侠。三臣五亮共一家，万朵桃花一树生下。何必左携右搭。”

色文化。要想做到这一点并不容易。如张士闪和张帅在完成《洼子村》一书初稿后，曾专门回村细读给7位老人听，在热烈的讨论交流中，重新审视或矫正书中的原有观点。有村民尖锐地提出，原书稿过于突出巫婆神汉、善人及其信仰活动[①]，应该为本村烈士、支前英雄"树碑立传"，突出"教师村"的形象，并提供了相关资料。我们据此进行调整，新增"教师村""红色记忆"两个词条，与原有的"公事总理""礼仪人家""善人"等并置相映，就明显合理多了。这一修改书稿的过程，其实是学者与村民的两种叙事风格的并置与互动的过程，由此形成的村落民俗志自然会较前丰厚许多。

重要的民俗资料提供者，通常属于村民心目中"会看事""会办事""会说话"的人，经常代表村民向外人表述"村落文化"，其话语当然也会经过其自身的选择、加工而具有个人色彩。我们需要进一步观察，大多数村民会认同他作为村落文化代言人的角色吗？不善于对外人表述的大多数村民，如何评价他的话语？学者的到访，是促成了村民对其话语的接受还是相反？这些都需要格外留心。书后所附"重要民俗资料提供者简介"，意在呈现其个人基本信息，供读者进一步了解与思考。

书后所附的村民文献，与学者所撰写的正文文本形成有趣对比。学者与村民之间，注意点不同，知识储备、思想局限有别，而对村民村事的价值预设也差异明显。比如，围绕同一个村落的民俗志表达，学者所感兴趣的是如何呈现其所理解的"村落"，往往是看了地方志、地图、家谱、碑记等以后，再去跟村民交流，有时候还会事先阅读相关论著。当今学者还会特别看重祠堂、庙宇、信仰仪式、巫婆神汉等，认为这代表了地方文化生态的完整性。对于村民而言，村落则是他们身在其中、终身归属的"家园"。曾记得在2002年，洼子村的几位村落精英接受村委会布置的一项任务，要向外来民俗专家介绍村落文化，他们将之分解成"村志""民俗概况""文化教育概览"三部分，分别撰文描述。显然，他们将"村落文化"理解为历史、民俗与"高层"文化(并视为本村的特色文化)等三大层面，这一分类颇有见地，对于我们今天理解村落及民众心态仍具启发性。

长久以来，中国乡村社会经过反复的礼俗教化，形成了基于农耕经济

① 张笃杰："看了这书，外人还以为洼子村就知道整天烧香拜佛呢！"张笃杰，山东省淄博市淄川区罗村镇洼子村人，长期担任中小学教师、校长，现退休在家。

的社区共享传统，它以乡村公共利益的高度共享来实现乡土社会秩序的长期稳定，以社区节庆、生活礼仪、生产互助、乡规民约、信仰仪式等民俗传统为传承载体，构建起中华文明绵延不断的社会基础，也是支撑当代中国乡村可持续发展的重要文化资源。当代学者应服务当下中国社会发展的现实需求，扎根村落，深入传统，以此为基础提炼研究方法与理论，建构田野研究的中国话语。我们这套丛书愿意在这一学术方向上进行尝试，抛砖引玉。

最后还要说明的是，这套丛书写作时间正值暑期，尽管各位作者都有博士、硕士学位论文的研究基础，但因丛书定位所强调的视角转换，需要大量的补充调查，有的干脆是返工重做。今夏大热，感谢各位作者不避酷暑，按时完成撰写任务。因时间匆遽，本套丛书不尽如人意之处，敬请读者诸君批评指正。

张士闪

2017 年 8 月 31 日

前言

本书调研的对象——横顶村，地处山东中部，其地理位置十分特殊。横顶村处于淄河与汶河的交界处，几百年来，这里一直是泰安、徐州、济南、博山等地客商往来必经之路。横顶村的形成和发展、变迁和兴衰与这条古道密不可分，古道见证着它的历史与现实。横顶村也在这条古道的影响下形成了一个区域社会——"麻峪三村"。从文献来看，大约在清末时，横顶村、南麻峪村和北麻峪村就已被视为一个内部联系相对密切的区域。在这个区域内部，通婚、祭祀、市场等方面的联系十分密切。

在长达几百年的历史变迁中，横顶村先后主持创修、重修玄武帝庙、泰山行宫、龙王庙、牛王庙和石君祠，基本保留了各个时期的碑刻，并较为完整地保存了当地各种信仰和仪式场所及其活动。尽管庙宇经过数次重修，但由于庙宇建筑长期固定于同一个地点，因此横顶村的信仰和核心一直相对稳定。对于村民来说，几座庙宇各具意义，但相同的是，它们不仅调适了村民的精神生活，同时也确立了村落作为一个整体的空间感和社会秩序。地方社会运作的语言是多重的，比如家族，但在这样一个杂姓村落中，家族语言其实仅仅停留在表层，庙宇和地缘关系显然更偏向于社会关系的核心层面。这些均显示出横顶是一个极具历史深度和影响力，也极富民俗特色的一个村庄。

在城镇化的进程中，许多村落在不同程度上都显露出了衰落的迹象，但横顶不仅没有衰落，反而呈现出勃勃生机。首先，村里许多青壮年劳动力都外出打工，留在村里的中老年人依然通过日常的农业劳作维持自给自

足的生活，不但干起农活来劲头十足，而且生活中的各种民俗尤其是仪式的举办也完全依靠他们。其次，土地没有出现荒芜，并且还通过各种方式呈现出增加的势头，农业生产结构实现了多元化。再次，公共卫生和公共道路由全村人共同照管，大街小巷不仅十分整洁，而且特别通畅，各种车辆都能通行，老年人骑着电动摩托车出村、入村毫不费力。最后，村落的良风美俗依然保留了下来，家族传统的互助功能继续稳定发挥，庙宇也帮助人们维持着内心和外界的平衡，子女抚育、老人赡养、矛盾纠纷等最为村民关心的问题也都在向着好的方向发展。当然，确实也有一些公共活动因为各种原因衰落了，比如春节期间的扮玩。村落传统文化的传承，包括集体合作的传统和传统技艺，也体现在这些公共活动当中，当公共活动衰落，传统文化的流失将成为必然的结果。

本书对村落民俗的叙述在结构和视野上突出了村庄特征，也强调个体、家庭、家族或者某一个阶层的特色。叙述力求保留横顶村语言原味，以便反映横顶生活的细微和独特之处。在呈现村落历史和时空的同时，从客位视角对村落民俗生活进行了局部描述。从客位视角出发对村落进行描绘，自然有新鲜、独特的感受，但田野调查深度的不足也导致对村民生活世界和精神世界的书写只能是部分的、浅层的和疏略的。而且，客位视角观察到的村落生活只是呈现横顶人生活的一个视角。横顶村仿若一个鲜活的个体，她将自身历史的厚重与久远书写在一棵棵古树、一座座庙宇、一块块石碑之上，又在每一个村民琐碎而亲切的日常生活中镌刻着其文化的丰富性和对文化的认同感。

作　者

2017 年 8 月

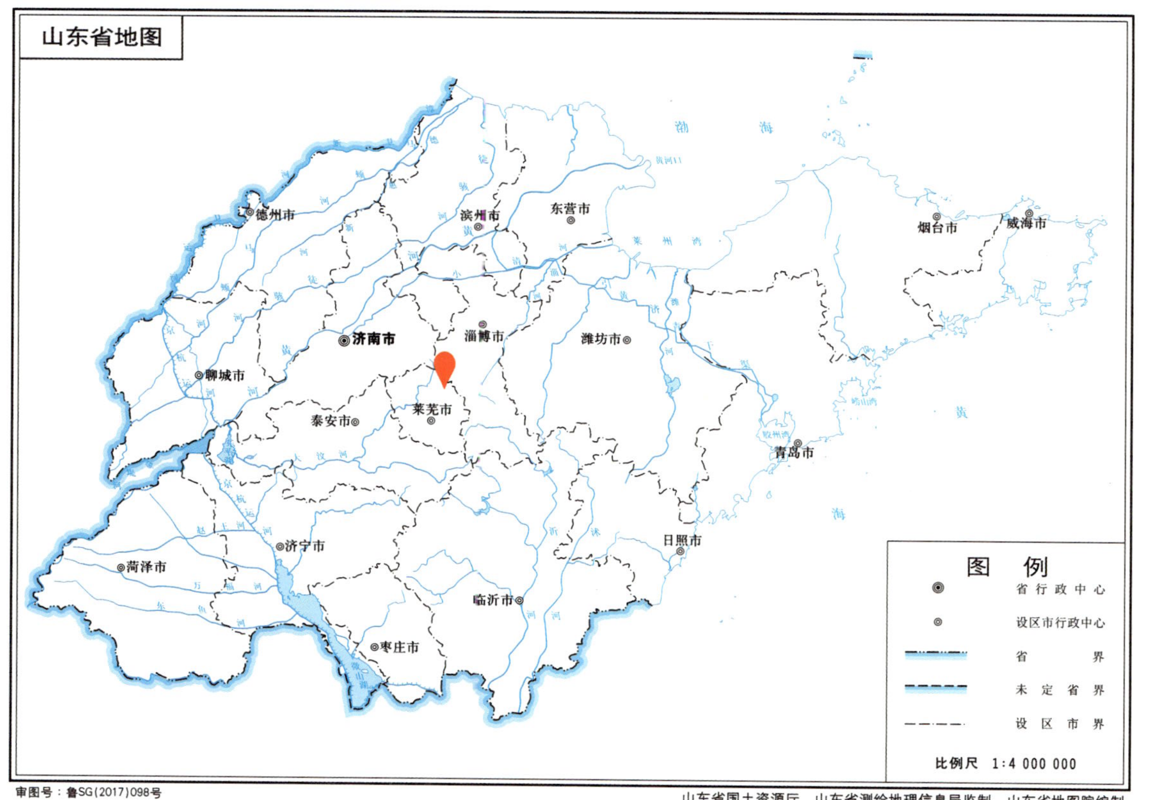

山东省地图
德州市
滨州市
东营市
烟台市
威海市
济南市
淄博市
潍坊市
聊城市
泰安市
莱芜市
青岛市
济宁市
菏泽市
日照市
临沂市
枣庄市
渤
海
图 例
省行政中心
设区市行政中心
省 界
未 定 省 界
设 区 市 界
比例尺 1:4 000 000
审图号：鲁SG(2017)098号
山东省国土资源厅 山东省测绘地理信息局监制 山东省地图院编制

横顶村在山东省的位置

目录

春

第一章
潍水边的村落

山东莱芜市和庄镇横顶村地处齐鲁交界，俗语"一个雨点分两半，一半灌淄河，一半灌汶河"，就是对横顶村地理位置最生动而真实的描绘，其中"一个雨点分两半"的具体地点就是本村6座庙宇之一——泰山行宫。泰山行宫处在泰安、徐州、济南、博山等地往来客商必经之要道上。本章即着力叙述横顶村村落生计的变化、发展与庙宇、古道之间的关联。

一、村庄地理位置的特殊性

横顶村位于北纬36°23′，东经117°45′，地处山东省莱芜市东北30公里、莱城区和庄镇政府西南5公里处。村北、西、南三面邻接苗山镇，村东北方向经麻峪村、普通村即是和庄镇政府所在地，有205国道、泰安至滨州高速公路经过，再向北、向东，便与淄博市博山区接壤。

莱芜市位于山东省中部、泰山东麓，北临济南市章丘区，东临淄博市博山区和沂源县，南临泰安市新泰市，西临泰安市郊区。全市总面积为2246.21平方公里，山地、丘陵占总面积的86.9%，平原占13.1%。有河沟395条，分属汶河、淄河两大水系，其中汶河水系有牟汉、嬴汉两条支流，向西汇入大汶河，淄河则由西向东流入淄博市境。两条河流的分界线就在横顶村的"泰山行宫"，沿着庙脊分别往东、西看去，正是"一个雨点分两半，一半灌淄河，一

半灌汶河”。莱芜属暖温带大陆性季风气候，四季分明，春末夏初多偏南风，夏季多雷雨和偏北风，冬季亦多偏北风。[①]

汶河西去

淄河东流

和庄镇隶属莱城区，位于莱城东北部，距莱城 27 公里。“和庄”之名，得于宋代。据南禹王碑记载，宋代赵姓建村，因址在淄河北岸，曾名“河庄”。后取

① 参见“山东省情网”(http://www.lwsqw.cn/col/col4109/index.html)。

“人和”之意，改称“和庄”。和庄镇为镇政府驻地，辖31个行政村、36个自然村。北、东两面与淄博市博山区交界，南与苗山镇为邻。[①] 和庄镇地处山区，地势较高，寒冷早至缓离，有“小关东”之称。该镇自古以来就是莱芜东北部的交通要道。自关沟至横顶村16公里地段，原是一条重要的古道，为西去曲阜、东下齐都临淄必经之地。这条古道被称为“齐鲁古道”，也就是说它是齐国和鲁国的交通要道。现存的齐长城关口之一——青石关可以为我们提供证据。

春秋时期，莱芜为牟国和齐国嬴邑、平州邑辖地，故有“嬴牟故国”之称。这里一直是齐鲁文化碰撞交汇的区域。齐国为防御他国入侵，在泰山山脉之阳修筑长城，现名“齐长城”。莱芜境内的齐长城西起莱城区大槐树乡芭麻峪村，经鹿野乡、上游镇、茶业口乡以及和庄镇北境的224座山头，东到车辐村，全长72060米，主要由关隘、烽火台、团城、城墙四部分组成。关隘一般建在山垭要道上，莱芜境内自西而东有三大关，分别为锦阳关、黄石关、青石关。

青石关

青石关位于和庄镇北5公里处青石关村，北邻博山，东望淄川，为齐鲁通道的咽喉，也是齐都临淄的南大门，自古有“直淄之门，当南之冲，为出兵要路”之称。现在青石关仅存北门洞。[②] 之所以提到青石关，是因为它恰恰可以说明

① 参见“莱芜区划地名网”（http://diming.laiwu.gov.cn/art/2017/5/24/art_13320_167682.html）和“山东省情网”（http://map.sdsqw.cn:8081/index.html?code=371200）。

② 参见山东莱芜市政协文史资料委员会编：《莱芜文史》第8辑，1998年，第106页。

横顶村地理位置的独特性和重要性。青石关是齐鲁古道上齐、鲁之间的一条重要关卡。从地图上看，横顶村北有望鲁山、青石关，是古时齐、鲁两国的国界和关口。该村距离青石关大约有10公里，位于原山（禹王山）山脉北侧，在东西走向的山谷（俗称"控沟"）东头。从横顶村泰山行宫到五里桥，全长约2.5公里。这条贯穿村子的东西路，就是自古以来重要的战略要地和官道。历史悠悠，沧海桑田，齐鲁古道原来作为交通要道的功能已被803省道和博莱高速公路所替代，如今只剩下几棵古槐，诉说着齐长城及青石关的兴衰荣辱。但这一齐鲁古道，至今仍是沿路各村从淄博往泰山、济南的要道，每天都能看到村民开着电动三轮车或者各种汽车来来往往。从下文我们将能看出，这一道路对村中庙宇的修建和村民生计的演变具有重要意义。

齐鲁古道的今天

二、村名故事与村落景观

横顶村位于峡谷东首，依地形而建，东西狭长。作为行政村，它包含横顶村、财神庙村（俗称"庙子村"）和上五里桥村3个自然村。一条东西走向的主街道将这3个自然村连接在一起。村落主体横顶村建在控沟东口外，向西是财神庙村，有石君祠和牛王庙，周围曾经住有约10户人家。因为两侧都是山，中间是峡谷，处于地质灾害区，2012年由山东省政府拨款实施了"搬迁避让地质灾害”计划，现在大部分村民已迁至横顶村东口。再往西是上五里桥村，地处控沟北侧的开阔地带，近几年村民也都搬至横顶村。正因为横顶村建在控沟东口外，西来的行人沿控沟东行 5 公里方到达顶端，故而附近村落多将横顶村称作“控顶”。在村民口中，“横顶村”仅仅出现在行政事务上，大多数时候，人们用“控顶”来指称横顶村。

泰山行宫庙内北墙走廊壁上有一块小碑，为康熙五年(1666 年)所立，上有“杨家横重修七圣祠”字样。乾隆碑上也有“杨家横”的记载。可见当时的村名或为“杨家横”。其实，明嘉靖年间的《莱芜县志》通篇也查不到“横顶”村名。到了清康熙《莱芜县志》方出现“横顶村”这一记载：“杓(勺)山保，横顶村。”

羊角石

关于“杨家横”村名的由来，大约有几种说法：

一说横顶村西庙往西 2.5 公里左右有一石桥，名曰“五里桥”。五里桥向东南的一面，在正中雕有羊头；在向西北的一面，对应有羊尾；桥东则有天然形成的如同羊角图案的“羊角石”。村民说，“羊角”在莱芜音为“羊夹”，即“杨家”；羊角具有横顶的功能，故叫“杨家横”。

一说当年杨家将出兵作战失利，被困在村西的深沟中，此地故而得名“杨家困”。后来人们习惯上称之为“杨家岭”，再后来改名为“杨家横”。

还有一说是，横顶村东西长，南北短，横在山的阳面，所以叫“横顶”。有些村民则根据庙宇的位置来解释“杨家横”。“横”是指西庙的庙脊：“南北为横，东西为纵，横是分水岭的意思。一个雨点分两半。”这一说法与村名碑相契合。村东口的路旁有村名碑，对“横顶”村名的来源是这样解释的：“横顶：明朝末年温姓由河北省枣强县迁此建村。因村落横坐在淄河、汶河之分水顶，故名‘横顶’。盛产花生。”这一说法基本得到村中老人的认可。

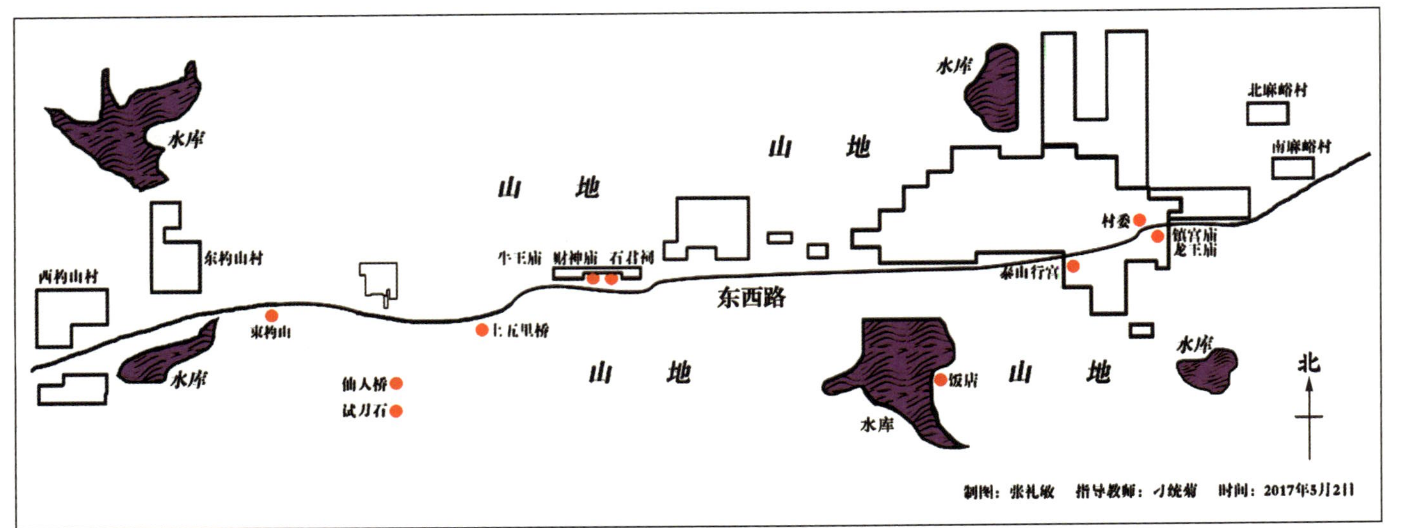

山东省莱芜市莱城区和庄镇横顶村及周边村落布局示意图

村名碑碑阳

村名碑碑阴

村名肯定发生过由“杨家横”到“横顶”的转换，但这种转换是如何发生的我们已不得而知。不过，村名“杨家横”因与莱芜的另一个“杨家横”（横顶村南数十里）重名，故而改为“横顶”。这一说法也为部分村民所认同。

下五里桥村的子母槐

五里桥往西是西杓山村

从西庙到杓山，道路曲曲折折，全是山对着峪，峪对着山，中间是山间小路（现在已修成了水泥路面）和溪流，像人的牙齿一样错合开，当地人称这处自然景观为“七十二条咬牙峪”。特别是控沟一段，遍布着人们津津乐道的自然景观，如立刀石、试刀石、聚力石、仙人桥等。五里桥桥东山顶有形立而多直竖裂缝的大石头，名“试刀石”。试刀石西侧是横架在两立石之间的“仙人桥”。

仙人桥

除了横穿村落的齐鲁古道，村落里另一道最为醒目也最为重要的景观，当属6座庙宇。村东是玄武大帝庙和龙王庙，村西是泰山行宫，再往西是石君祠、财神庙和牛王庙。我们将在下文详细描述这些庙宇以及与人们生活的各种联系。

试刀石

三、古道、庙宇与生计演变

事实上，横顶村早年有比较丰富的生计形态，首先是以“商行”为代表的运输业及相关行业，其次才是农业种植。后来种植业的地位上升，变为最重要的生计来源，牛王庙和龙王庙的创修就与这种生计的变化存在着重要联系。

据《十卷书·村庄》记载，清朝末年，横顶村有学行、武行、商行，对横顶村的文化、教育、经济的发展发挥了重要的作用。其中商行规模很大，由邴家三兄弟开办的运输业，在齐鲁古道上赫赫有名，鼎盛时曾发展到99鞭骡子(一鞭为3头骡子加1头驴，照此计算，应有297头骡子加99头驴)。前文已经介绍过，横顶村的地理位置非常特殊。一方面，横顶村处于东西交通的要道，贩运煤炭和粮食都要经过这里。另一方面，村西七十二条咬牙峪，峰回路转，道路狭窄，却是齐鲁古道的必经之路。往来于齐鲁之间的客商们必然会滞塞于此。与此同时，爬坡也需要临时增加人力。因此，横顶村就成了往来客商打尖歇脚的绝佳场所。横顶村居于运道之上，村民当然会选择从营运入手，让村子成为产地和销地的中间地带，萌生出相应行业。有经商头脑的人在村子里开设客栈、商铺和货栈，甚至到现财神庙村和五里桥村去摆摊卖水、卖饭。长此以往，横顶村逐渐壮大，往西形成了直至改革开放前后仍然人丁兴旺的五里桥村和财神庙村，往东则形成了南、北麻峪村。一直到今天，南、北麻峪村和横顶村的关系仍然非常密切。

横顶村商行的盛况至今保留在老人的记忆里。根据孙即兰老太太叙述，她18岁从北麻峪村嫁到横顶村，当时古道远非今天的柏油路那样平坦，“路高低不平，像狼牙似的”，“往东往西都有小饭店”。每天都人来人往，运煤和菜的大车、小车络绎不绝，“过往客商有的自己带干粮，也有的用锡包盛水和粮食”。①

所有商行中，邴家商行最为突出。他们靠赶牲口搞运输起家，用多种方式运输粮食、布匹、茧丝、煤炭和瓷货，包括用牲口拉、独轮车推以及肩挑手提等，生意像滚雪球般发展壮大起来。邴家三兄弟全都搞这个买卖，从博山

① 访谈对象：孙即兰，女，78岁；访谈时间：2007年2月9日；访谈人：刁统菊、杨冰。

到徐州，每 20 公里就有一个鄅家店，类似于当时官府的驿站，主要为鄅家的运输队提供补给，当然也对外经营。据鄅家长者回忆，村子东西路两边开设了许多店铺、饭店以及给往来牲口喂料的棚子，直到 20 世纪六七十年代村里才大规模修建了民房。

鄅业永曾经听自己本家的老爷爷、老奶奶说起过鄅家商行繁荣时期的景象。他回忆道：

> 家谱上没有记录，听俺本家老奶奶、老爷爷说，当时是一个老奶奶掌握家庭权力，女的当家做主，男的在外面跑生意。鄅家店最繁荣的时候，横顶村的路上是满满的牲口，村里人家所有的饲料，三天就全部让牲口吃光了。①

而村中老人孙即兰解释了鄅家商行的衰败：

> 男的在外干，赚了钱后再买骡子和驴，再开分店，生意越做越大，都有 99 鞭，媳妇则在家雇人管理家中的一切事宜。当时家里骡子很多，据说从南麻峪一直到村里这么长的一段距离，都有人在铡草，还不够鄅家店的骡子吃。但是，"干草不能当筷子"，女人看不住家，慢慢地谁赶的骡子就是谁的，慢慢地就散了。②

独特的地理位置、相对恶劣的土地和气候条件以及临近地区（淄博）发达的手工业（陶瓷）合力造就了横顶村的运输业和商业传统。这种传统甚至在横顶村还未建起时便开始形成，吸引了相当数量的外地商人来此经商。尤其是与运输有关的产业为此地带来了大量的流动人口，进一步导致了 20 个左右姓氏的杂居状态。运输业和商业对横顶村来说确实非常重要，尤其是在自然气候恶劣、人地关系紧张、土地质量低下的时期，人们不能固守于土地，向商业谋求生存之道也是非常自然的。如果横顶村真是一个不同于周边许多地方的商业发达区，那么必然会有大量关于区域商业发展和商人致富的记载，此地商人应以经营有道而闻名。尤其是横顶村地处向东西转输的运道之上，必然会有自己的某些区域性特点。但通过深入阅读明朝嘉靖年间以后的《莱芜县志》以及各辑《莱芜文史》，发现并没有任何记录表明这一点，文献中更缺乏对明清时期此地商人的经营活动、经营商品以及销售

① 访谈对象：鄅业永，男，58 岁；访谈时间：2006 年 12 月 5 日；访谈人：刁统菊、杨冰。
② 访谈对象：孙即兰，女，78 岁；访谈时间：2006 年 12 月 5 日；访谈人：刁统菊、杨冰。

路线和方式的记载，因此可以推测横顶村的运输业和商业传统在当地并没有超越种植业的地位。

横顶村历史上有相当长的一段时间是以农业为主要生计来源，这就决定了龙王爷对村民意义非凡。龙君祠（俗称“龙王庙”）中的对联显示出其功能。其上联是“万民诚心敬天地”，下联是“天赐甘露禾苗旺”，横批是“风调雨顺”。建于明朝的龙王庙应该就是村民为了应对自然灾害而兴修的，由此我们也可以推断出农业在此地的重要性。

对村中老者的访谈说明横顶村和大多数地区一样，也内含着对土地的追求：

> (20世纪)二三十年代横顶种地的多，有了钱就都置地。孔宪同家富裕，买了很多地。当时也有人用人挑驴驮从淄博弄些陶瓷和煤炭等东西到口镇，那里是水陆大码头，再到济宁、泰安、济南去卖。搞运输利钱小，一年挣钱寥寥，也有赔本的，要能挣钱，那是比种地强。
>
> 郈家经商，所以地少；孔家的地就多，好地就大多让他们给占了……横顶村一直以农业为主，用驴和骡子搞运输，从博山等地拉窑货到蒙阴去卖，但搞运输、开店只是一小部分人干，大多数人还是种地。
>
> 老人说，家家户户都喂牲口，每家至少有一头驴或骡子，农忙的时候用来耕地，农闲的时候用来搞运输。现在，老式工具基本上没有了。淄川那时就有骡马市场，现在还有。原来家家有牛，地多的人家有3头，地少的人家有1头，农忙的时候几家可以合伙用牲口。[①]

村里以农业为主，也有种桑养蚕的，经商的只是一小部分人。村里外来户多，姓氏也多，有姓郈的、姓孔的、姓田的、姓温的、姓姜的，也有姓于、齐、吴、赵、王的。这些外来户来横顶之初，都是给地主打短工、打长工，时间长了才逐渐获得属于自己的土地。

几位被访谈的村民在不同场合都说求雨是非常灵验的，这种“灵验”记忆能够不断传承，依托于人们对农业的追求。

> 求雨的时候，把龙王的塑像绑在太师椅上，敲锣打鼓，在村里大街上走上几个来回。求雨时，不管谁，都是身不由己的，说跑就跑，说走就

---

① 访谈对象：郈业永，男，58岁；访谈时间：2006年12月5日；访谈人：刁统菊、杨冰。

走，说停住就停住，都说是龙王指使的。

20 世纪 80 年代后期，村里求过雨。没有塑像时，就写上牌位、名字，绑在太师椅上，四个人抬着，敲锣打鼓，到处转。

求雨时要扫大街，在家门口放上水桶或小坛子，里面放上水，插上柳树枝子，参加求雨的人戴上柳条编的帽子。很多人都愿意干抬龙王爷坐的椅子的活，但是抬椅子的人必须提前 3 天吃斋，夫妻不同房，不吃葱、蒜等气味大的东西，集体在场里（收麦子时打的场）睡觉，求雨后再开斋。

求雨时，也有南、北麻峪的人来，多时达到一二百号人。男女老少都跪下磕头，场面十分壮观。有时求八九天才下雨，但有时也跑空，怎么求老天也不下雨，但一般情况下都能下雨。下雨后人们要上大供，用大桌子上 10 碗菜。如果事前许上一头猪，就把猪供上，等龙王他老人家享用完后，然后再分给户家吃。[①]

农业在村落生计中的地位一直都很重要，反而运输业和商业传统渐渐走向衰落，这从侧面促进了种植业地位的上升。综合各种访谈资料来看，大约是在光绪年间，横顶村发生了从商业到农业的大规模转变，而这种转变直接促使了牛王庙的修建。牛王庙创修于光绪二十一年（1895 年），《杨家横南北麻峪三庄创修牛王庙碑记》中对修庙缘由有清晰的记载：

此处自修石君祠，香火日炽，声灵愈振，岂非有庙宇神像之使然哉！石君若此，何神不然？而况尤关于农事，甚切于民心赫赫濯濯之□□牛王，圣神也。兹因天灾流行，殃及耕牛，循环不已，邻村代有已然者，目不忍睹；未然者，心不惶安。岁及丁亥，合村共议，翕然同心，建庙于石君祠右。

由碑记可见，光绪二十一年（1895 年），横顶村附近地区发生了天灾或瘟疫，殃及牛、羊、马等家畜。当时横顶村虽未遭殃，但是邻村的惨状让村民心生恐惧。为了防患于未然，村民遂建起牛王庙，供奉神灵，祈求瘟疫不再蔓延。牛王庙的主要功能是保护六畜兴旺。庙中供奉三尊神像：左为蝗爷爷，也就是蚂蚱神，预防蝗灾；中间为牛王，也就是牛魔王，保护耕牛；右为山神，

① 访谈对象：姜传海，男，60 岁；访谈时间：2006 年 12 月 4 日；访谈人：杨冰、刁统菊。

掌管放牧，护佑牛羊的平安。牛王庙虽然是为预防天灾、瘟疫而创修，但也能够说明当时的农业生产对横顶村来说具有相当重要的意义。

田野里的茄子(2017 年拍摄)

大爷摘豆角

从一些史志文献上，我们可以看到很多关于自然灾害的记录，其中多是旱灾、蝗灾等。《莱芜县志·舆地志》中记录了清末之前历朝历代莱芜的自然灾害，其中大半都是旱灾、蝗灾。如公元 715 年，“夏六月蝗”，到了第二年夏天又再度发生蝗灾。从明永乐十五年(1417 年)到万历十五年(1587 年)都曾经发生过蝗灾。到了清末，居然又发生了“五色虫害稼”。五色虫，也就是黏虫，它会给玉米、水稻、烤烟等农作物带来极大的危害，所到之处，玉米等农作物常常在一夜之间被啃噬得面目全非。这样的自然条件，给一个主要以农业生产为生计来源的村落带来了不可胜数的灾难。显而易见，神灵的存在给人们提供了一个解决问题或释放紧张的途径。

由于对农业有了较大的依赖和需求，村民开始重视牲畜尤其是耕牛的健康就不奇怪了。我们还可以问，商行兴旺的时候，运输所需的骡马如果遭遇瘟疫，不同样会对商行造成负面影响吗？实际上，与运输相比，在交通要道沿线开设店铺更为重要，除了邴家兼事交通运输业以外，人们大多选择在村中开设店铺，这大大减少了对骡马的依赖。

实际上，所有和古道有关的商业都在 1949 年以后彻底消失，主要原因是土地改革和初级合作社的建立，“一分地，一入社，(运输业)就不大行了”。20 世纪 80 年代，803 省道和博莱高速开通使用。途经横顶村的齐鲁古道逐渐废弃，已不具备原来得天独厚的地理优势。2005 年秋天，国家搞“村村通”工程，横顶村不仅出钱修本村道路，还修了横顶至南麻峪村，至普通村，甚至到和庄的路，村里因此一共欠下 4 万元的债。

根据村民的回忆，可以肯定地说，从整体农家经济来看，除了村内农业生产以外，当地的确存在其他生计形态。但对当地农民而言，农业生产所具有的重大意义没有发生根本性的变化。1949 年以前，花生种植和养蚕售茧是横顶村主要的收入来源。1949 年以后，农作物的种类较之以前大大丰富，有小麦、大豆、绿豆、地瓜、花生和各种水果。这是因为 1949 年前后，“政府打了井，有了水源，用上了水”。当然，从当前的情况来看，农业生产的运用范围以及对每个农家的经济意义已经发生了变化，但这种变化和村民在村外所进行的其他生计活动的增大、农业外收入的增加有关，而且这种情况是在 20 世纪 80 年代以后才开始大规模发生并凸显效应的。

将谷子罩在网中防小鸟偷吃

改革开放后，市场经济发展起来，同时随着 803 省道和博莱高速路的开通，这条繁华的古道变成了乡间小道。目前，横顶村有两类大的生计。其一是多元化的农业生产。其二是外出打工。农村要发展、农民要致富，仅仅依靠农业肯定不行，于是，越来越多的农民随着时代潮流涌入城市，外出打工日益成为他们最主要的收入来源。中青年村民大多到联系一贯密切、相距约 20 公里的博山去打工，而不是到相距 40 公里的行政所属地莱芜。去博山谋生的路子不是近些年才开始的。

四、多元化的农业生产结构

1954 年，横顶村成立第一个互助组（初级社），村里有 1/4 村户参加了互助组，农业生产资料等财产由互助组统一管理，耕地统一分配。分红比较麻烦，“人六劳四”，也就是 60％的收成按人口分，40％的收成按劳动分；也有时候“人七劳三”，即人口占七成，劳动占三成。

闲聚街头剥花生

60 年代末，横顶村开始为期 10 年左右的“农业学大寨”，主要是整地：把小块土地连成片，平整成田。1983 年实施“家庭联产承包责任制”，土地由生产队承包，然后再承包给村民。1988 年，村里对土地进行平均分配，人均 1.5 亩左右。1997 年左右，全村再次调整土地，此后都是将大约 20 亩的机动地进行小范围调整。

横顶村的主要水源来自山地渗水在控沟中汇集成的一条溪流。村中原来有 4 眼井，供村民日常饮水。1949 年以后，村里先后修建了 3 座用于灌溉的水库，总容量在 150 万立方米左右：村东南方向有一个水库，较小，由于 2006 年山东旱情严重，此水库当时就已经干涸；村西南有一个叫“兰子沟”的水库，较大，水量相对丰足；村北也有一个，较小。1991 年后，村民从南部的原山泉眼子崖接山泉水，自行结队铺设管道，家家户户吃上了自来水。2014 年，横顶村又对

村里的两处水库进行了清淤。2016 年，莱城区水利局出资对水库进行了除险加固。早在 1976 年 5 月，横顶村村民就全部用上了电，但直到 2008 年才往山上扯电线。当时拉了 314 根线，有效解决了山上打井、抽水浇地、打药等困难。水电问题一解决，村民们的生活和农业生产更加便利和快捷。

西北望南山

横顶村的土质以山岭沙土为主，20 世纪 50 年代末期，村里修建了机井，人们才开始种植小麦、大豆、绿豆、地瓜、桃树等，以花生和谷子为主的种植结构发生了变化。但由于土质特点以及田少地薄的问题，小麦产量仅够自身消费，无法带来额外的经济收入。1990 年以来，村委大力支持产业结构调整，积极发展经济作物，大面积绿化荒山、开发山岭薄地。2017 年，横顶村有耕地 1050 亩（加上五里桥村），包括水浇地 350 亩、果园 600 亩，余下的都是山岭薄地，也叫“花生地”，只能种植花生。此外，有木材林约 2000 亩。耕地主要分布在村南的山岭上，果园和木材林主要种植在村北山地，并有多个个体林场。

村民给花生打农药

土豆种植

近年来，村委带领村民进行产业结构调整，改变单一而低产的粮食种植为林果、蔬菜相结合，大大增加了村民的经济收入。村委号召村民利用山岭薄地和沙质土壤发展果园种植，现在果木经济已成为本村的支柱产业。横顶村现有不超过全村土地1%的自留地（含果园），除了随时补给新增人口外，村委将这些机动地以每年每亩150元左右的价格租给村民培植果园。土地承包费用来支付村里各项开支和公共设施建设，比如道路修缮。近两年村里翻盖了办公楼，在村里安上了垃圾桶。为方便村民，2005年又新建了两处烤烟房。

横顶村几乎家家户户都种果树，桃树、苹果树、李子树、梨树都有。桃树和苹果树最多，一种名为“红冠桃”的桃子是横顶村产量最高的水果品种。横顶村附近还有大英章、峨峪、马家峪3个村子种红冠桃，但数横顶村种桃的人家多、产量大。夏天桃子丰收的时候，村内就会形成集市，形同批发市场，村民称其为“桃市”。

粪肥在农业生产中还占有较大比重。走在农田和果园里，会闻到不同于一般农村的味道，那就是田间地头到处都晾晒着的鸡粪、牛粪和羊粪，散发出特有气味。为何不施复合肥和化肥？那样既省事又干净。人们笑着说，土肥更养地，而且种出来的桃子口感好、养分多。收桃的商贩都能现场尝出来，他们能根据桃子的口感来判断施肥的种类，施土肥可以增加桃子的销售价格。

近些年引进的蔬果新品种，除了红冠桃以外，还有旱地西红柿。这种旱地西红柿以施土肥为主，只是在初始种植的时候放一点复合肥，复合肥效力发挥比较慢，但是有后劲。横顶村的西红柿沙瓤、多汁，适合生吃，口感极好，收获的季节吸引了莱芜城里好多人前来购买。

另有两户人家种植大棚蔬菜。据说，大棚蔬菜每年的收入在1万元左右，偶尔能卖到2万元。畜牧业在村里并不发达。农业生产中基本用不到畜力，养牛主要是为了卖钱，几乎家家都会养猪、养鸡，但都是属于极小规模，仅有2～3家养鸡户和1家养猪户规模较大。现在山上还有养鸡、养猪的家户，邴业江就常年住在山上，既方便种果树，又能养猪、养鸡、养羊；既不影响村里的卫生环境，还少跑路、少耽误工夫，一举数得。2008年，山上拉了314根电线以后，打井、抽水等困难解决了，很快又有好几户村民搬到山上建房

常年居住。

种植业、副业和商业非常有效地增加了村民的收入，但在生计上占据另外半壁江山的是与博山以及古道相关的行业。

五、"商行"传统与运输业重生

横顶村是往来于泰安、徐州、济南、博山等地客商的必经之处。此外，淄博、青州一带的人们去泰山烧香也都路过这里。早年间，温氏先人在路两边建了 30 余座客店、1 座酒店，生意兴隆，所酿的酒都能卖到淄川去，又在本地置地 80 亩。有些逃荒的行人路宿客店，随即在此地打长工或短工，有的就在这里娶妻生子，成家立业，成为永久村民。经过不断发展，村庄逐步壮大。

以后村边客店分别由各姓经营，民国时期村内繁荣依旧。客店建筑结构多为四合院，上顶大都是麦秸草披盖，前房靠街道中间是大门，都很宽敞，人、车、马、骡等都能通过。大门下边是门槛，上边中间为四块门大板，两边是木门，上框和扣板上边有槽沟。晚上客人休息后，主人合上扣板和中间的门大板关闭大门。前房西两间供主人居住，便于照管客人，后北房供客人住宿。后院东、西两边为内棚，没有门窗，专门用来存放客人的车辆以及货物。旺季时天不黑客店就已住满，行人只好赶往其他村庄。夜晚灯火通明，客人住下后食用些粗茶淡饭，喝酒行令，也会讲家乡风闻趣事。饭后熄灯休息，明早好赶路。客人推着车子从口镇到横顶村，正好是天明走到天黑，就这样在横顶村休息一晚，等天亮再去博山。

这些行路的客人来到横顶村是怎么被招待的呢？碍于当时的条件，其实非常简朴。那时普遍缺乏粮食，横顶村的店家只能提供住宿，不能提供饭菜。客人都推着车子，店家要给他们保护好菜，防止冻坏；即使吃饭，也都是粗豆腐之类的粗茶淡饭。有一位叫邴其道的老人写的一副对联广为流传，上联是"客人莫嫌邴家老店"，下联是"晚上住宿自带粮饭"，横批是"东来西往"。20 多年前，温奉森去口镇一个村子赶集，遇到一位老人。老人听说他是从横顶村来的，便拿出茶水招待，温奉森便将自己种的桃子赠予老人。他们每次遇见都是这样。温奉森就问大爷为什么这么热情招待他，这位老人便回忆起年轻时候推白菜到博山，"一路上有些村子的人很坏（故意把道路

弄坏好趁机要钱），就你们村子的人待我很好，和一些人都成了老朋友，后来碰到你们村的，就感到很亲切”。

温传教老人90多岁了，头些年还住在财神庙那边。他年轻时开店，有不少知心朋友，现在大都三四十年没见过面了。人们到西乡（口镇）赶集，常常遇到当地人打听他身体如何，都说“他待人很好”。这几年，有不少老人让年轻人用车送到横顶村，故地重游。来到这里，老朋友抚今追昔，感慨万千。人们对那一段艰难的生活有刻骨铭心的记忆。

20世纪五六十年代，由于生产队管制，往来于古道之上的客人开始变得稀少，但寒冬腊月居住口镇一带的人们还是需要“赶博山”，把土地产出的大白菜、水萝卜等运往博山卖掉，这样途经横顶村临时需要帮助的“客人”会明显多起来。因此，这一带的青壮劳力都往西赶到杓山附近，帮行人把小推车运到横顶村。力气大的在后面推，这叫“送车子”，能挣到1元钱；力气小的在前面拉，叫“拉车子”，能挣到5角钱。一木车白菜从口镇运到博山，5分钱一斤，卖到十七八元，力气大的劳力拉得多，能卖20多元，往返50公里地，昼夜不停。整个冬季一个劳力若是卖上400元菜钱，可是一笔了不起的收入。但若遇到风雪天，行人就要遭殃，有的前不着村后不着店，天黑路滑还怕天冷冻了菜。

1970年开始，很多青壮年村民到博山从事搬运工作，因当地有很多煤矿和陶瓷窑，经济远比横顶村发达，需要大量的劳动力。邴业永用小推车运煤和窑货，每车能运500多公斤，那时候特别能干，也“特别能吃”，但是“也累坏了”。邴业永总共干了三年半就回家了，村里有的人因为干的时间太长，把身体都累垮了。村民孔祥军在1986年结婚以后，跟同村人一起去博山，用人家的小推车推回来一辆小木车，独轮还是回村后安装的。从此以后，他就用这辆小木车来回推货，用脚印一步一步地建设自己刚刚成立不久的小家庭，养育一儿一女。一直到2000年前后，他又买了四轮汽车跑运输，把日子过得红红火火。

运输业是目前横顶村比较重要的生计。由于村子坐落在交通要道之上，自古以来就有不少家庭从事运输业。20世纪90年代中期，孔凡亮第一个买了大货车，带头搞运输。2005年之后，全村大街小巷的路面都有了极大改善，因此运输条件就更为便利，这对于农产品的销售也是非常有利的。修

路的时候，不可避免地要占用个别村民的土地，当时有的村民已经种上了花生和玉米，但即使没有给他们补偿，他们也情愿贡献出自家土地，因为大家都认识到了修路带来的好处。现在，村里 70 多岁的老人都买了三轮摩托，“路太好走了”。他们外出走亲戚，或者去集上、镇上买卖个什么东西都非常方便。

1983 年以后，随着市场经济改革等举措逐渐波及乡村，外出打工者逐渐增多，仍然是以博山为主要去向。博山是老工业基地，潜力大，小煤矿多，也有很多瓷窑和建筑工地。人们所从事的工种主要集中在机械厂、翻砂厂、陶瓷厂，极少数人在矿井工作或者从事早餐制作和销售。现在，年轻妇女也都在农闲时节出去打工。博山有劳务市场，早上 5 点多钟，人们早早赶到博山劳务市场，根据技术和身体条件，谈好价钱，当天结算，每人每天要给劳务市场交 1 块钱的管理费。虽然比较累，但是农忙季节，夫妻两人一天能挣 200 多块钱，农闲的时候挣得比较少，因为在农闲时节打工者比较多。最近十几年，莱芜也成了外出打工的一处去向，有几个村民已经在那里买房成家了。

近年，村里很少能见到 45 岁以下的人，庙宇也成了老年人的活动空间。横顶村的收入来源出现了一个年龄分层，农业收入大部分来源于中老年人，尤以老年人为多，而青壮年则以外出打工或个体运输为获取收入的主要途径。收入与年龄的分层也导致了房屋建造风格以及室内布置上的差异。经济条件较好的中青年往往住着高大、宽敞、明亮的楼房，室内有沙发、冰箱、煤气灶、暖气等生活便利设施。一部分老人则偏爱老宅，房屋被村民称为城里人喜欢看的“古宅”，室内布置简单，液晶电视机是最显眼的家电。但是不分年龄段，传统的土炕仍然被许多家庭所钟爱。

尽管如此，横顶村仍然是一个充满活力的村子。首先，留守在村中的中老年人以多样化的农业种植为主要劳动方式，忙碌而充实；其次，部分青壮年选择在附近打工，仍然回村居住；再次，村落公共设施一直在不断建设中，为村民的日常生活和对外交流提供了非常便利的条件；最重要的是，村落有 6 座庙宇，隔几年便会进行整修甚至重修，村落的凝聚力以及对外影响力也不时得以焕发一新。

第二章
麻峪三村

与横顶村发生密切联系的有三个区域:一是"西乡",指的是苗山镇和口镇,西乡人把横顶村及其附近村落称为"东山里"。二是"东乡",指的就是博山,那里的经济水平在人们看来是比较发达的。但无论是"西乡"还是"东乡",基本都是老年人在使用这个方位概念,年轻一代因为日渐改善的交通条件,对地理方位的判断早就已经超越了传统的视野。同时,横顶村生活水平有了显著提高,原来意味着较低经济水平的"山里"这种概念,也逐渐不再被人们提起。第三个区域是南、北麻峪村,它们和横顶村合称"麻峪三村"。

横顶村距离博山 20 公里,距离莱芜则有 30 公里左右。虽然在行政上来看,横顶村一直属于莱芜,但现在人们外出打工却以博山为主。除了地理距离上的接近外,无论是语言还是生活习俗,横顶村和博山也都更为相似,尤其是饮食和节日习俗。购买耐用家具和电器时,村民和博山的联系也远远多于莱芜。

横顶村与南、北麻峪村的关系至为密切。南、北麻峪村是由横顶村在商行比较发达的时期逐渐东扩形成的。也就是说,先有横顶村,然后才有南、北麻峪两村。从三村的地理位置来看,这是完全准确的。事实上,横顶村东西的村子都是围绕着横顶村形成的,这还是与齐鲁古道有关。根据 1935 年的《续修莱芜县志》记载,1912 年左右取消乡、保建制,全县划为 10 个区。其中第六区石马区管辖下有麻峪乡,麻峪乡下有"村三,三麻峪庄"。所谓"三

麻峪庄"，应该就是横顶村和南、北麻峪村。可见，大约在清末，三村就已被视为一个内部联系相对密切的区域。2017 年 6 月 1 日，三村还为了联合筹建幼儿园捐款。可以说，这三个村落属于同源村落，是由一个村落裂变而成的，这种分化过程应该属于"原生型村落的次生分化"①。

一、联合修庙，共同求雨

祭祀圈一般是指以一个主祭神为中心，信徒共同举行祭祀活动的地域单位。人们通过共同的神明信仰，举行共同的祭祀活动，将地方人群整合起来，维系一体的意识与感情。② 从这一界定来看，横顶村和南、北麻峪村完全就是一个内部有各种密切联系的祭祀圈。

我们先来看 2002 年 3 月和庄镇横顶村立的"重修玄武帝庙功德碑"上的捐款统计表：

2002 年横顶村重修玄武帝庙功德碑捐款统计表

捐款人/单位	捐款数额(单位:元)	占捐款总额比例
横顶村	2030	37%
南麻峪村	550	10%
北麻峪村	450	8%
东杓山村	390	7%
横顶村委	300	6%
普通村	290	5%
和庄村	154	3%
官家村	150	3%

① 在村落发展过程中，当一个村落经过相当长时间的发育以后，已经达到一定的规模与人口，由于生产或者内部竞争的原因，一部分居民开始向外移民并形成新的村落，这种新形成的村落就称为"次生型村落"，原来的村落则称为"原生型村落"，这一分化的过程属于次生型分化。（参见黄忠怀：《明清华北平原村落的裂变分化与密集化过程》，《清史研究》2005 年第 2 期）

② 参见林美容：《妈祖信仰与汉人社会》，黑龙江人民出版社 2003 年版，第 3 页。

续表

捐款人/单位	捐款数额(单位:元)	占捐款总额比例
上桥村	110	2%
和庄村平安庙	100	2%
平洲禹王山庙	100	2%
青石关村代表人	100	2%
下崔村代表人	100	2%
西车辐村代表人	96	2%
东营市垦利县	60	1%
下洼村珍珠山庙	60	1%
下五里桥代表人	60	1%
上五里桥代表人	52	1%
东平洲村代表人	50	1%
峨峪村	50	1%
西平洲村代表人	50	1%
北平洲村代表人	30	1%
黄湾村	30	1%
酱菜厂	30	1%
兰子村	30	1%
下洼村	30	1%
总计	5452	100%①

通过对参加捐款修庙的人员名单及捐款数额进行统计分析,捐款最多的恰恰是横顶村、南麻峪村、北麻峪村。其中南麻峪村捐款户数为 15 户,北麻峪村捐款户数为 8 户。根据捐款数额的比例可知,参与重修横顶村玄武帝庙的村落,除横顶村外,南、北麻峪村是参与度最高的村落。

2002 年 3 月,横顶村重修玄武帝庙的功德碑,落款是“横顶村”,但之前以及之后的碑刻显示,三村合作修庙的历史由来已久:“清嘉庆十年六月,

① 碑上数据如此。因遵循四舍五入原则,导致各村捐款比例总和超过 100%。

杨家横庄南北麻峪庄重修玄帝庙七圣堂”；“大清光绪二十一年十月，杨家横南北麻峪三庄创修牛王庙”；1992 年中共同求雨并一起从兰子村把龙王请回来；“2004 年 10 月 13 日，横顶南北麻峪重修泰山行宫”；“2007 年 9 月 26 日，横顶及南、北麻峪三村龙君庙重修绘画墙、塑神像”；2008 年正月十六，三村重塑石君、牛王两庙神像。

南麻峪村的关帝庙

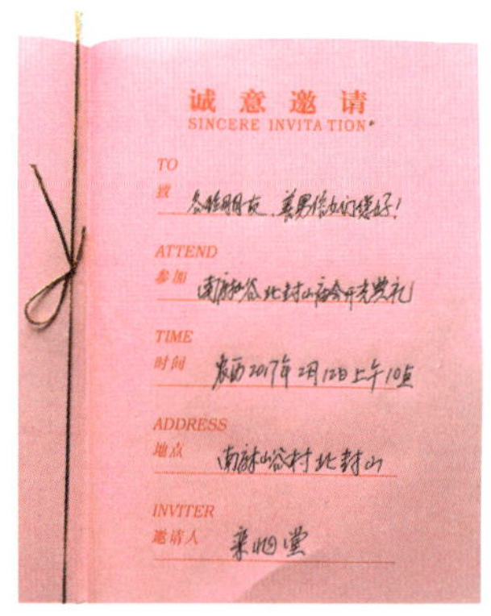

北封山庙会开光典礼邀请函

2007 年，我们经横顶村村民栾兆堂引领，来到南麻峪村的关帝庙。栾兆堂和关帝庙庙产管理委员会的几位村民相当熟悉。当时关帝庙前的两块碑已经被框了起来，因此无法看清有哪些村庄参与了捐款修庙。但从对在场围观村民的访谈中得知，除了南、北麻峪村以外，横顶村也是捐款较多、参与人数较多的村落。据住在关帝庙附近的村民说，平日来关帝庙烧香的村民也以南、北麻峪村和横顶村为多，这也从侧面证实了本章开头的推测。

2017 年 3 月 4 日，我们在横顶村村民栾兆堂和耿佃华家里发现了同样的邀请函。这是来自南麻峪村承天宝殿庙开光典礼的邀请，“为弘扬历史文化，继承传统教德”，建成承天宝殿庙一尊，内有地母老娘、泰山奶奶、南海观音菩萨三位尊神。新庙有了泰山奶奶，未来人们是否还去横顶村的西庙敬奉泰山奶奶，不得而知。

二、闺女不远嫁,“围着三庄转”

许多研究已经证明,一个村落的通婚圈往往与祭祀圈重合。关于横顶村,可以肯定的是,核心通婚圈和核心祭祀圈确实是重合在一起的。村里的闺女多不远嫁,“当庄婚”(嫁娶在本村)的比例较高,外村则局限在邻近的南、北麻峪村,所以人们形象地说嫁娶“围着三庄转”。此外,普通村、和庄、马家峪、杓山也在通婚范围以内。闺女不远嫁,是借助大量的访谈得出的结论。虽然没有进行足够数量的统计,但与各姓族长进行访谈所得出的结论大体也能够符合实际情况,毕竟族长是对整个家族的通婚状况比较了解的人。

不让女儿远嫁出于几种情况:第一种认为女儿嫁得远,回娘家探亲不方便,父母也不放心远在外地的女儿。第二种情况是因为没有儿子,女儿就近找婆家,以后可以照顾娘家父母,给父母养老。还有一种是青年男女住在同一个村里,相互交往的机会多,有时候甚至在同一个地方打工,日常相处容易产生感情,父母也不好过多干涉,这种情况是近些年才出现的。

邴笃堂老两口有三个女儿、两个儿子。大女儿嫁在本村,女婿是“教书先生”。二女儿嫁在北麻峪,三女儿嫁到南麻峪。他告诉我们:

> 不管是以前还是现在,村里的闺女都不远嫁。我们老两口也不想让闺女远嫁。嫁得近了方便,可以随时来看父母。平时不是这个跑来了,就是那个跑来了。前年老伴儿病了,三个闺女白天轮流来伺候,儿子晚上轮流伺候,老人很满意,病情也好了。现在那些在外面学习、工作的女孩子有找远婆家的,在村里的闺女还是找近的(婆家)。①

栾兆堂和赵兰香夫妇将大闺女嫁到北麻峪村,小闺女嫁本村,两个闺女隔得近,“断不了来往”,平时去看闺女也非常方便。本村的就不说了,到北麻峪去一趟,步行也就是10分钟的事儿。但是,也有老人不赞成当庄婚,但这是有条件地不赞成。从个人角度来说,女儿可以嫁在当庄,但儿子最好不

① 访谈对象:邴笃堂,男,76岁;访谈时间:2006年12月5日;访谈人:刘爱昕。

要娶当庄的闺女，因为这样会使“本来走得很近的亲戚走着走着就远了”——儿子找了个当庄的媳妇，凭空会生出很多麻烦，比如“那边(指儿媳的娘家)有事没事就把自己的儿子叫了去”，久而久之，自己心里就会不舒服，亲家之间就可能产生摩擦。这也许与女性的不同流动方向造成姻亲关系的不同秩序有关，老人们希望儿媳妇的娘家尽量少牵扯儿子的精力，却不怕麻烦女儿的家庭，指望她能多给娘家提供一些帮助。

村里的闺女多不远嫁，而且“当庄婚”特别多，客观而言，这和村里姓氏众多有很大关系。村里严格实行同姓不婚。一个单姓村落，要在较短的时间内实现村内婚是非常困难的，而杂姓村尤其是横顶村这样一个有15个姓氏(头几年还有16个姓氏)的村落，出现大量的“当庄婚”则非常正常，再加上很多媳妇说自己娘家的姐妹或者姑姑也嫁在这里，因此村内形成了错综复杂的姻亲关系网。另外，尽管人们都愿意将女儿嫁到经济条件较好的村落，但横顶村与周边方圆5公里以内的其他村落相比，经济条件并没有明显的差距，所以将女儿嫁在本村，在经济上的考虑便忽略不计了。

现在由于年轻人几乎都外出打工或上学，所以通婚范围也有逐步扩大的趋势。博山是最主要的打工地点，其次是莱芜。因此，近十几年以来，村里也出现了几例和博山、莱芜通婚的现象。不过，被访谈对象公认的是，在早些年，“娶媳妇、嫁闺女，都在这三庄”。这一点足以说明横顶村与南、北麻峪两村的密切关系。

三、市集交易

横顶村的村民赶集十分方便，周围共有5个集。这5个集的日子交叉开来，分散在一个月之内。每月(农历)里，逢一、六是英章(村)集，逢二、七是南麻峪集(也叫“麻峪集”)，逢三、八是和庄(镇)集，逢四、九是马家峪(村)集，逢五、十是普通(村)集。因此，只要人们想赶集，5公里以内天天都有集可去。

南麻峪集旁就是淄河

南麻峪集

横顶村的人们平时最常去的南麻峪集，起集大约有25年了，往东走不出10分钟就到。南麻峪集摆在淄河两岸，集上有卖布的、卖衣服的、卖肉的、卖菜的、卖粮食的、打铁修农具的，等等。通过对集市上村民的探访得知，赶南麻峪集的多是北麻峪村、南麻峪村和横顶村三个村的人，也有少数人来自其他村庄，比如普通村。以前没有南麻峪集的时候，横顶村的人就赶和庄集。和庄集是附近出现最早、规模最大的集，现在都是镇上那边的人去赶集。横顶村的人一般买菜、买衣服都是在南麻峪集，要想买档次更高一些的衣服、鞋子之类的就去和庄镇商店里买。五里桥往西有一个杓山集，也有部分村民隔三差五地去那里 趟。

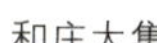

和庄大集

横顶村桃市(村东广场)

横顶村有桃市，每年夏天桃子收获以后，自然而然便在村里的街道上形成桃市。桃市名气大、人气旺，吸引了远近客商来买桃、卖桃。外面来的批发商，南到莱芜，东到张店、淄川，西到口镇、寨里，一般都驾驶着三轮摩托、三轮车或农用车，在村里的大街上来回穿梭。来拉水果的小贩精打细算地

与村民讲价，以获取最大的优惠，然后到外地去卖。卖桃的横顶村民和来收桃的外地客商齐聚横顶村，在主街上摆满了摊子，吸引了南、北麻峪村的村民也到横顶村的桃市交易。

除了横顶村的桃市，南麻峪村还有个批发市场。夏天，村民收了花生、豆角、南瓜、西红柿、茄子等都拿到那里去卖。有的老太太也把吃不了的几根丝瓜、几颗芸豆、几个南瓜拿去那里出售。夏天市场天天有集，有摊贩大量收购，因此村民的蔬菜、瓜果摘下来就能卖出去。这个市场能存续好几个月，从桃子进入成熟期开始，到种完麦子、收获花生以后，蔬菜过了季节才停市。

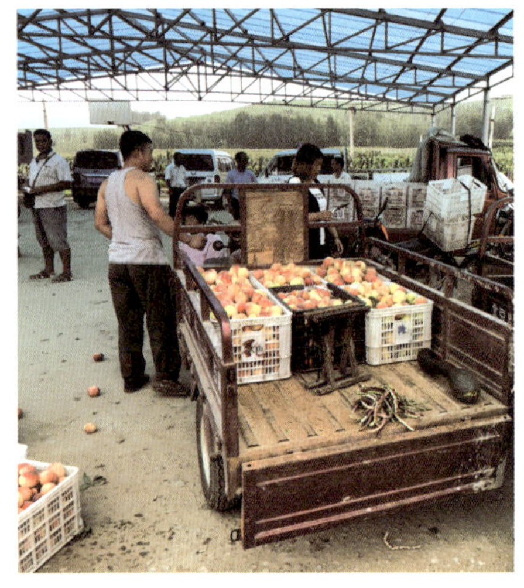

卖桃子的时候也顺便卖一把豆角、一个南瓜

齐大娘家也种了不少果树和蔬菜。她说："一季能收万数来斤桃，忙那一阵，半个来月，十来天，天天忙桃。俺这里怪方便啊。桃在这村卖，菜在下边（南麻峪村）卖。收了马上能卖了，贵了贱了的都能卖出去。有的那个（别的地方出产的桃子）卖不出去。……（价格）跟品种也有关。"①

南麻峪集和横顶桃市对南、北麻峪村和横顶村具有非常重要的意义，可以说如果没有这两个交易地点，人们的日常生活会极其不便。

① 访谈对象：齐秀莲，女，50 岁；访谈时间：2006 年 12 月 5 日；访谈人：张玉。

第三章 村里的六座庙

横顶村现存的6座庙都是近些年重修的，但是因为庙宇建筑长期固定于同一个地点，横顶村的信仰和核心也一直相对稳定。对于村民来说，几座庙宇各自具有不同的意义。但相同的是，它们不仅调适了村民的精神生活，同时也确立了村落的空间感和社会秩序。地方社会运作的语言是多重的，比如家族，但在这样一个杂姓村落中，家族语言其实仅仅停留在表层，庙宇和地缘关系显然更偏向于社会关系的核心层面。

一、地理位置与形貌

横顶村有6座庙宇，其中两座规模较大且醒目，一东一西坐落在村子的两头。东庙是镇宫庙，与其相连的是龙王庙，西庙是泰山奶奶行宫。再往西，即五里桥那边，有3座庙相连，从东至西分别是石大夫庙、财神庙、牛王庙。

镇宫庙 以下是镇宫庙历年的修建记录：

镇宫庙修建时间表

序号	重修时间	主持村落	重修还是创修	庙宇名称
1	嘉庆十年(1805年)六月	杨家横庄、南北麻峪庄	重修	玄帝庙
2	2002年农历三月	横顶村	重修	玄武帝庙
3	2006年农历三月初三日	横顶村、南北麻峪村	重塑、重修	重塑神像、重修门楼

2017年东庙三月三庙会

东庙因坐落在村子的东头而被称为“东庙”,清朝时叫“玄帝庙”,后来又叫“玄武帝庙”。人们亲切地将所供奉的玄武大帝称为“镇宫老爷”,该庙由此也被叫作“镇宫庙”。

据2006年农历三月初三《横顶南北麻峪村玄武帝庙新塑像重修门楼碑记》记载:“据长者忆,玄武帝庙内院中古槐下有一石碑,为庙创修碑。碑上记载此庙修于明天启年间。”此碑在20世纪六七十年代被毁。庙前厦内原有5座石碑,均为重修庙宇时所立,现仅存嘉庆年间的1座。重修庙宇时,在庙脊檩上发现有一木板,背面写“顺治五年三月六日重修”字样,正面有“嘉庆”字样,字迹不清。据庙中残碑记载,顺治五年(1648年)、康熙五年(1666年)、嘉庆十年(1805年)都曾重修过东庙,目前此庙前厦还有一块嘉庆十年的重修碑。1930年前后,庙中供奉的神像遭到损坏,东庙成了村公所的仓库。1949年左右,神像被拆除,东庙又成了工读小学教室,后被当作大队办公室、生产队仓库等。2001 年，村民再度集资整修，老人们说东庙算是基本恢复了原貌。

2002 年的《重修玄武帝庙功德碑》上描述了玄武帝庙昔日的辉煌：“村东首有一玄武帝庙，雕梁画栋，飞椽斗拱，造型美观，建筑宏伟，实为古建筑之精也。庙内塑有神像，形象逼真，栩栩如生；墙上壁画构思新颖，文笔精湛。昔日游人如织，远近闻名，令人叹为观止。”令人叹息的是，“战争动乱年间，神像被毁，年久失修，墙皮脱落，风吹日蚀①，濒于倒塌。村人无不痛惜”。有趣的是，横顶村虽为一小山村，但是非物质文化遗产之风早已吹到了这里。《重修玄武帝庙功德碑》说：“时至今日，文明之风遍布神州，保护古文化遗产刻不容缓。举村合议重修古庙，世人无不欣然从之。历经二年终于竣工，遂立此碑，万世瞻仰。”

现在的玄武帝庙坐东向西，主房长约 10 米，宽约 6.7 米，庙院总占地面积约为 210 平方米。有西房 3 间、北房 1 间、门楼 1 座。院中有 1 棵古槐，树身早已腐朽过半，但仍枝叶茂盛。红砖绿瓦、雕梁画栋虽是新修，但古槐给这刚刚整修过的玄武帝庙增添了古朴典雅之风。庙中塑有 12 座神像，两山墙上是人物绘画，记叙了玄武帝的修行过程。

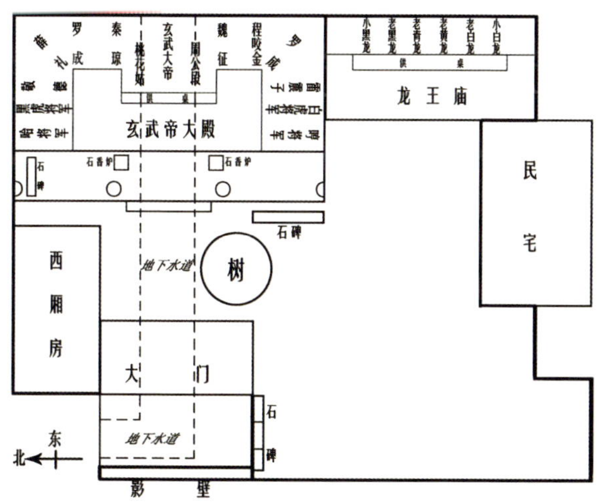

东庙布局示意图(张礼敏于 2006 年绘制)

① 原文为“烛”。

东庙外观

西庙外观

泰山奶奶行宫 以下是其历年修建的记录：

序号	重修时间	主持村落	重修还是创修	庙宇名称
1	康熙五年三月二十四日	杨家横	重修	泰山行宫
2	乾隆四十年	杨家横	重修	七圣堂
3	嘉庆十年六月	杨家横庄、南北麻峪庄	重修	七圣堂
4	2004 年 11 月 24 日（农历十月十三日）	横顶、南北麻峪	重修	泰山行宫

东庙与西庙对称而建。东庙大门有一影壁，外书“祥”字，是重修庙宇时为神灵塑像的孟凡众所写。当时是觉得墙壁空白不太好。等到重修西庙时，便请村人郱华在墙壁上书一“瑞”字，与“祥”字相互呼应。“西庙”是人们对泰山行宫的俗称，因庙中塑有 7 位奶奶的神像，又称“七圣堂”或“七圣祠”，但在清朝时还叫作“泰山行宫”。泰山行宫坐落在淄河、汶河分水岭上，以前下雨时，因庙宇地势较高，便以西庙屋脊为界，雨水落到屋脊上，一半流到东面落下，一半流到西面落下，庙脊因此被人们形象地形容为“一个雨点分两半，一半灌淄河，一半灌汶河”。后来，两庙之间的道路经过了硬化和加高，庙的地势降低，就再也没有“一个雨点分两半”的奇妙景象了。

西庙坐西朝东，长约 9 米，宽约 5.5 米，建筑面积约为 50 平方米，占地面积约为 120 平方米。有大殿 3 间、门楼 1 座以及影壁墙等。庙中现存有石碑 5 座，最古老的一块字迹模糊，无法辨认。泰山行宫始建于何年已无法确认，但可以肯定的是，该庙在清朝康熙年间还被重修过。证据在于，西庙内北墙走廊壁上有一块小碑，是康熙五年立的“杨家横重修七圣祠”碑，其上有捐款人名单。西庙的门楼和影壁墙在1949年后曾被拆除，前厦坍塌，后来先后被当作生产队仓库、磨房等使用。2004年农历十月十三日西庙再度被重修一新。

龙王庙 以下是其历年修建的记录：

序号	重修时间	主持村落	重修还是创修	庙宇名称
1	2007年农历九月二十六日	横顶、南北麻峪三村	重绘壁画、重塑神像	龙君殿

龙君殿外观

龙君殿供奉龙王

和玄武帝庙的高大、壮观、明亮截然相反的是紧挨着它的龙君殿，里面供奉的是龙王爷，其中包括四海龙王黑龙、青龙、黄龙、白龙，以及小黑龙、小白龙。人们认为，镇宫老爷是自己修炼的，职权大，主天地苍生；而龙王爷的职权小，只有四指雨的权力，听大屋（镇宫老爷）的指挥。龙王掌管雨水，比起高高在上的玄武大帝来说，神职较低，故而庙宇也低矮。小小的一间屋子，神像就放在一个板子上，和玄武大帝自是两种不同的风貌。现在的龙君殿于1994年重修，在前（创修时间待考）；玄武帝庙于2002年重修，在后。但并非是因玄武帝庙重修在后才出现了一高一矮的格局，而是向来如此。也就是说，目前的格局完全是照着村民的记忆来布置的。龙君殿虽矮小，但和当地自然环境颇多关联。横顶村处于山区，和周围村落一样，都是干旱之地。这里流传着许多有关水的俗语，据说在干旱时期有不少小伙子无法在适婚之年及时结婚。

不管是过去还是现在，村里的生计来源都是比较多样化的，但农业一直是主要生计来源，其中又以耐旱作物为主。可想而知，龙君祠在相当长的时间内是很受人们重视的。据村民说，1992 年、1993 年、1994 年都求过雨，这点也有庙里的匾额为证。虽然 1991 年村里就通了自来水，但并不能完全解决作物的灌溉问题。直至 2006 年 10 月初，我们在考察期间发现，还有两个老太太前来求雨，边磕头边念叨，大意是近期天太旱，希望龙君老爷保佑下点雨。

龙君老爷

南北麻峪横顶三村全拜

在大旱难关

诚心则灵

因慈雨之喜

公元一九九二年壬申年七月初六日

龙王庙里一幅锦旗上的文字

牛王庙、财神庙和石君祠

石大夫庙 该庙历年的修建情况如下：

序号	修建时间	主持村落	重修还是创修	庙宇名称
1	嘉庆十年秋月		创修	石君祠
2	光绪二十一年十月	杨家横、南北麻峪三庄	创修	牛王庙
3	1995 年 10 月	横顶村	重修	石君祠、牛王庙
4	2008 年 2 月 22 日（农历正月十六日）	横顶、南北麻峪村	重塑神像	石君祠、牛王庙

东、西两庙与人们对祥瑞的追求有关。除了东、西两庙以外，石君祠更直接地与人们对健康的渴望有关。从横顶村布局示意图可以看出，石君祠在财神庙村，人们俗称为“石大夫庙”。石君祠创修于清嘉庆十年，牛王庙创修时就已经存在，并且香火颇为旺盛。光绪二十一年《杨家横南北麻峪三庄创修牛王庙碑记·流芳百代》记载：“此处自修石君祠，香火日炽，声灵愈振，岂非有庙宇神像之使然哉！石君若此，何神不然？”

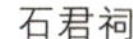

石君祠

石君祠内功德匾

石君为谁？通过访谈照管庙宇的温传友老先生，我们了解到，石君祠中供奉的是石大夫，姓石，淄博淄川人，是给人看病的医生，主要诊治疥疮。石大夫两边的女像是他的两个媳妇。在庙的东侧，有一汪泉水，人们说这是石

大夫的药匣子，据称喝了这里的泉水，保身体康健。温传友照管这两个庙，每月初一和十五来上香。平时，除了横顶村，就是南、北麻峪两庄来的人最多。每年过年的时候，温传友都来给两个庙换上新的对联。年底的时候，他会买来香烛、果签给这两个庙烧香上供。此外，石大夫庙每年正月十六有庙会，十几年前村里年年在春节期间扮玩，最后的表演地点一定是在这里。可以说，当时村里最热闹的庙会就在石大夫庙。

牛王庙 牛王庙创修于清光绪二十一年十月，这与当时的自然灾害有关。牛王庙供奉的神灵，最左边的神像是蚂蚱神，中间是牛王，最右边则是山神。祭山神是为了保佑牛羊上山平安，不被虎、狼等动物吃掉。现在虽然没了虎、狼等动物，但此俗仍然保留了下来。每年六月六牛羊上山的时候，有牛羊的人家都来祭拜山神，逢年过节也会来。六月六是山神庙会，庙会的范围包括南北麻峪及附近村庄，苗山镇的东杓山村等地也在其中。

牛王庙供奉的神像

财神庙 财神庙是最小的庙，创修于何时已不可考。目前所谓的“财神庙”并没有庙宇，只是在牛王庙和石君祠之间安置了财神像。根据当地习俗，人们在年三十夜里要出门请财神，有人认为文财神是比干，武财神是关云长关公或者赵公明，不过人们最认可的财神还是关公。

二、村民、村落与神灵

神灵是如何与村民以及整个村落发生联系的？这和神灵在村民心目中的形象、功能有关。目前，东庙也就是玄武帝庙里供奉着15位神灵，其中玄武大帝是主神，另有哈将军、黑虎将军、敬德、薛礼、罗义、秦琼、桃花姑、玄武大帝、周公段、魏征、程咬金、罗成、雷震子、白虎将军和哼将军（从左至右排列）。除主像以外，其他神灵何时进入庙宇，目前尚不得而知。不过，可以肯定的是，现在庙宇的神灵塑像完全是按照人们的记忆来布置的，并非是在2002年重修东庙时增添进去某一位或几位神像。

东庙主祀神玄武大帝

西庙主祀神泰山奶奶

道教以为，四方皆有神：东方青龙，西方白虎，南方朱雀，北方玄武。玄武神是披发仗剑、足蹬龟蛇的形象，庙中的神像也有长剑，脚下是龟和蛇。不管玄武大帝在道教中的形象如何，村民对他的认识可以通过两则传说来表述：

玄武大帝，又叫"玄天大帝"，老天都是由玄武大帝玄（支持）起来的。北方是张天师，南方是南海观音，东是太上老君，西有西天佛祖。玉皇大帝管天上的事，玄武大帝管人间的事。求玄武大帝就是保佑家平安、国太平。十二殿元帅和十二属相对应，桃花姑、周公段是夫妻俩，是给玄武大帝端茶倒水的。他们之所以愿意服侍玄武大帝，是因为在玄武大帝修炼到一定程度的时候，胃不舒服，肠子和胃跑出来作乱，桃花姑和周公段制服不了他们，玄武大帝就一脚一个踩在脚底下将他们制服，后来桃花姑和周公段就心甘情愿地跟随玄武大帝了。

还有东面的（东庙）玄武大帝也很灵。他以前也是一个皇帝，后来

> 不愿意做皇帝，才出家的。他刚生下来的时候是个大胖小子，学了七八年书，就去学本事了。学了五百年之后觉得自己学成了，就回家了。在山上碰到一个大娘在磨针，就问："大娘，你这是在干什么呀？"大娘说："我在磨绣花针给我女儿做陪嫁。"玄武大帝说："那你得磨到什么时候啊？"大娘说："想要功夫深，铁棒磨成针。"玄武听完之后，就又返回学了五百年才回来，所以玄武大帝的本事很大。①

从这两则传说可以看出：第一，人们了解玄武大帝的修行过程，认为他是自己修炼成的。第二，玄武大帝的本领高强，连周公段和桃花姑都被他收服，并且掌管人间一切事宜，专门保佑家平安、国太平。日常生活中，人们更多地把玄武大帝叫作"镇宫老爷"，这种说法显然要比"玄武大帝"亲切得多。玄武大帝是全能神，可以保平安、财运、国泰民安，"只要是横顶村的，什么都保佑"。对镇宫老爷的认知，影响了人们平日对他的供奉。

再来看西庙中的神灵。庙内神灵位次从南向北依次是：锁官娘娘、送子娘娘、观音奶奶、泰山奶奶、白依奶奶、眼光奶奶、斑疹奶奶。

明清时期，正统道教在国家政治生活中受到限制，而对泰山碧霞元君的信仰却达到了鼎盛。泰山碧霞元君是中国历史上影响最大的女神之一，尤其是明清以来，她在民间的影响已经大大超过了泰山主神东岳大帝，成为泰山诸神中最显赫的神。民间将泰山碧霞元君称为"泰山奶奶""泰山老母""老奶奶"。"泰山行宫"是传说中的泰山奶奶出行时落脚休息的地方，现在几乎遍及全国。

康熙年间的重修碑上，西庙被称为"泰山行宫"，而到了乾隆年间的重修碑，庙名已然改换为"七圣堂"。泰山行宫内是何时增加了其他六位女神不得而知。可能在历史上某一个时期，村人将泰山奶奶之外的其他六位女神塑像并供奉之。这应该是与各位女神分别专司其职有关，比如，锁官娘娘送孩子的时候，给孩子上把锁。孩子出生后，由锁官娘娘为其开锁，阴锁、阳锁一起开。目前，庙内送生娘娘怀抱的小孩左手、右手各有两束粉红色的细毛线，左手的线和右手的相比明显减少。在本村香头赵兰香看来，这是因为"男左女右"的习俗使然，一般来求子的大都抽取左手的丝线。求子后将丝线放在床上女方一侧的席子（褥子）底下，比较灵验。

---

①

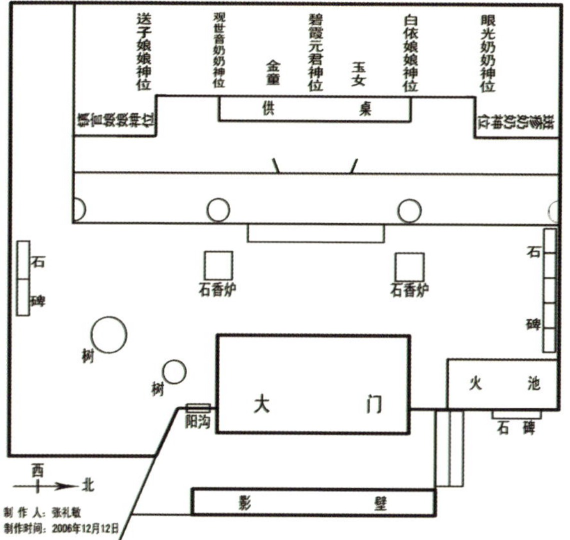

西庙布局示意图

2017 年 3 月 5 日，我们还在耿佃华家里看到了赵兰香帮助他办的安根仪式。安根，就是“给凡人安根，求神仙保佑平安，即在自己天井里摆上香案，供上菜，祭奠”，“求神仙保佑找个好媳妇，生个孩子，顺顺利利，平平安安，无灾无难”。这是村里人常办的仪式。2017 年 5 月 18 日，我们在西庙内又看到一例安根仪式。只要身体不好或者诸事不顺的人，一般都会挑一个黄道吉日在泰山奶奶这里安根以“求平安”。安根要给奶奶送 13 个包袱和 13 个书包，包袱里是许多金银元宝，书包里是一身衣服、一刀黄表纸和几个金银大元宝。人们认为，“过个三年五年的，衣服穿破了，奶奶使（用）这些钱再去办（买）新的”。

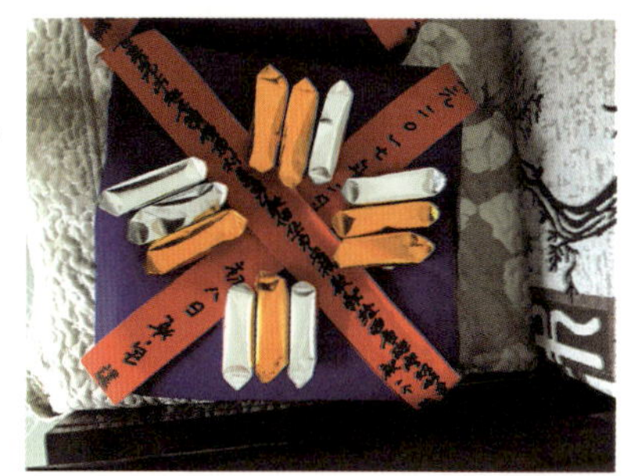
2017 年 3 月 5 日安根仪式上的包袱

2017 年 3 月 5 日安根仪式上的书包

七圣堂的七圣显然与村民的日常生活更为贴近。泰山奶奶是掌管平安、长寿、生育之神。“泰山奶奶”这样的称呼是民众赋予的称号。村里一些老年人干脆将碧霞元君亲切地直呼为“奶奶”。她神通广大，既治病救人，也护佑一切农耕、商贾、旅行、婚姻和生育等事。泰山奶奶在民众的心理层面上是有求必应、无所不能。她在西庙是主祀神，其他六位神灵亦是女神，都与身体健康、生育有关。

人们对女神和男神的期待是不同的。七圣堂里的七位女神，尤其是泰山奶奶，平易近人。这些和蔼可亲、乐善好施的女神，让人倍觉亲切，不由得倾心信赖。而在镇宫庙里，不管是脚踏蛇、龟的玄武大帝，还是代表十二属相的武将，抑或是周公段、桃花姑夫妇，都与武力、国家相关，显得高高在上、威风凛凛，直让人生出敬畏之心。

根据调查，西庙一直由女性看管，在村民的记忆中，庙中所奉祀的神灵也一直是这七位女神。一方面，这说明碧霞元君的女神特征，也就是她保佑生育和治疗疾病的功能特别吸引女性信众；另一方面，女性的积极参与也是民间信仰活动的特征之一。东庙嘉庆十年重修碑记载的捐款名单中女性的数量引人注目，这也能反映出女性对宗教活动的积极参与。调查资料表明，当时有“女舍”这一女性信仰组织，以组织为单位参与重修庙宇。

除了对信仰对象的期待不同以外，人们对神灵的奉祀也有差异。对西庙的供奉，供品一定全是素食；而在东庙，则荤素均可。人们认为，奶奶吃素，老爷则不忌口，以饮食差异这样的方式为神灵信仰划定了疆界。人们并非同等对待两庙神灵，虽然都是信仰资源，但是他们所代表的民间社会的力量和兴趣不同。信仰可以共享，但差异不可抹杀。传统宇宙格局完全让位给了民众自身的信仰实践选择。

个别村民往往通过一些灵验传说将神灵和村落的关系拉近，或者说加强了神灵和村落的关系。每一位在日常生活中照管庙宇、敬祀神灵的村民，据说都是受到了神灵的启示。这一点，恰好是神灵和村民建立关系的关键。村民中必定会有极为热心的人，这样的人在修庙过程中起到了关键作用，在传播神灵灵验故事上也是一个关键角色。

村民们讲述了几则泰山奶奶显灵的现实事例。例如：

> 麻峪的一个媳妇有肠胃炎，喝水都吐，在来横顶赶会时，正赶上给泰山奶奶开光，听说喝开光水很灵验，她抱着试试的心态喝了开光水，从此病就好了。所以，她给奶奶送了两双鞋、一桌子供品。

我们后来又对这些灵验事迹进行了调查，发现一旦经人第一次传播，就会反复出现具体人物和细节的变形，最后保留了一个不变的要项，那就是神灵的灵验性。这种灵验故事越传越广，不光是本村，就连附近村落里的人也会逐渐慕名而来上香许愿。

事实上，这里的七圣堂不仅仅是七圣堂，更重要的是它还有一个“泰山行宫”的名字。人们认为，泰山奶奶是淄博人，每年她的生日，淄博一带的人就开始张罗迎接泰山奶奶回娘家。这一习俗演变至今天，成了三月三往泰山进香祈福的习俗。

横顶村所处的地理位置决定了它不仅仅是淄博往泰安、济南等地的物资交流通道，同时也是人们往泰山进香的通道。明清时期，从博山到泰山祈福，必定要经过齐鲁古道，横顶村就是一个暂时停留的绝佳场所。横顶村不仅是博山人进香的暂歇之处，同时还意味着一个可能选择的终点。一些年老体弱的人，则直接在横顶村的泰山行宫给泰山奶奶进香。这样看来，在泰山行宫既可以休息，又可以烧香磕头，能起到和到泰山烧香一样的作用。至此，我们可以初步了解横顶村、博山、齐鲁古道和泰山行宫之间的关系了。

有学者指出：“清朝开国之初，就对碧霞元君大力提倡，终清一世，碧霞元君信仰一直保持着旺盛的势头，并在康乾和后期的光绪朝形成了两个高峰期。”[①]康熙五年，横顶村还重修过泰山行宫。可以想象，当时每年的三月三前后，横顶村该会呈现出何等的热闹景象了！

三、庙会祭祀与日常祭祀

人们认为，玄武大帝承担着保佑家平安、国昌盛的重任，而西庙七位女神

① 叶涛：《泰山香社研究》，北京师范大学博士学位论文，2004年。

管着横顶村及其周边村落的人口平安、身体健康和人间生育。因此，平日去泰山奶奶庙烧香磕头的反倒更多一些。这里还有一个性别视角，看护泰山奶奶庙的是几个老年妇女，而看护镇宫庙的均为男性。奶奶庙里的神灵皆和人们的身体健康、生儿育女有关，对女性村民来说，这是至关重要的。神灵掌管的事务，是否和自己的生活紧密联系，是决定神灵香火盛衰的主要因素。

现在我们以东庙、西庙为例，看人们是如何祭祀神灵的。若根据时间划分，对神灵的祭祀可以分为日常祭祀、节日祭祀和庙会祭祀；若根据祭祀场所划分，可以分为庙宇（公共）祭祀和家庭（私人）祭祀两种。我们以祭祀场所为标准，看不同时间的祭祀是如何进行的。

2006 年农历十月十五日供奉龙王爷

一村民家 2006 年农历十月十五日供奉龙王爷

2006 年农历十月十五日泰山奶奶庙供奉，十炷香

2006 年农历十月十五日镇宫庙供奉，有香烟

先来看庙宇祭祀。每一个庙宇，看庙人都要在每月初一和十五来上香，供养玉皇大帝和庙中各路神灵：烧香磕头，烧黄表纸和元宝，摆上供品。这三方面是主要内容。另外，有时候也会敬献香火钱，但多少并不在乎，全是随心。每年的腊月二十给庙里的每位神灵换新衣服，接着“封印”，此后村民不再入庙上香。过年时，先请天，再请庙中的神，进行比较隆重的供奉。次年正月二十“开印”，开始正常接纳善男信女前来敬神。日常生活中，许多村民会为了各种各样的事情去庙中上香。入庙上香也有禁忌，如月子里、抬死尸、猪下仔的时候不能烧香。每逢庙会，看庙人则需要提前上香，来赶庙会的人们到庙内磕头、烧纸、烧香，随心放一些香火钱，求一些自己关心的事情。

横顶村所有的庙会都是单纯而集中地表达信众与神灵关系的场所，不像其他一些地方的庙会有物资交流和各种演出。

道教以三月初三为玄武大帝圣诞，因此这一天要在东庙举办庙会。

2017年农历三月三镇宫庙庙会期间，打镲、敲鼓、看庙等都有专人负责。除一位来自黄湾的70岁左右的男性以外，其余都是本村男性，年龄在60～70岁。以8∶30～9∶00人流量最大，人数最多的时候达到30人。来进香的人年龄均在30岁以上，其中女性居多。女性中又以60～70岁年龄段的为主，30～40岁1人，40～50岁2人，70～80岁3人，80～90岁2人，男性人数比较稳定地保持在7～8人。信众以本村人数为多，在上午8∶00～9∶30这个观察时限内，本村妇女人数为10人，以独自一人的方式来到庙里，基本都是从早晨待到上午10∶30庙会结束。外村来横顶赶三月三庙会的，主要是南麻峪村和北麻峪村的，另有少数人来自三四里地以外的黄湾村和普通村。外村人一般选择三三两两结伴而来，每次来横顶村不是赶庙会进香就是走亲戚。

西庙庙会可以说是横顶村最热闹的庙会了。妇女扭秧歌和道士唱经文两个项目是其他庙会上见不到的。还要在送生娘娘跟前唱“送生娘娘经”，还要在观音奶奶跟前唱“观音奶奶经”，等等。以下是2007年农历二月初二西庙庙会上的三个个案。

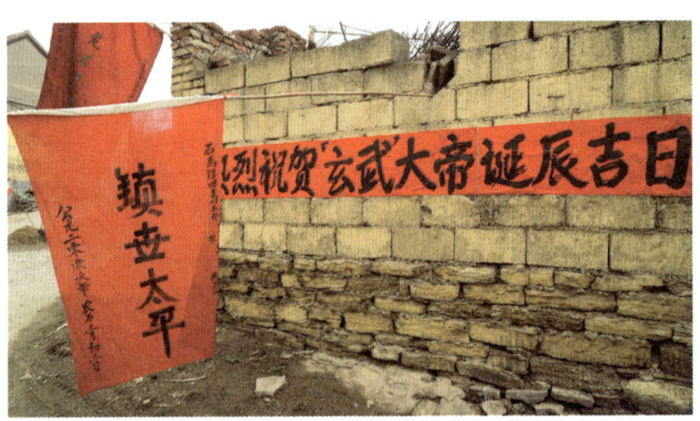

2017年镇宫庙三月三庙会

李慧香，女，63岁，南麻峪村人。每年二月二、三月三她都来赶庙会，将自己做的豆腐和煎饼敬献给神灵。她一边磕头一边念叨：“我代表儿子、女儿来看您了，保平安啊。”离开庙会时再把供养拿回家，全家人都吃，“吃了之后浑身轻松”，据说可以消灾祛病。她告诉访谈人员：“来这里没有所求，只是来看她老人家，只要你来了，泰山奶奶就都知道了，知道你没有孬心，心里静，就啥病也没有了。”

赵丽芸，女，56 岁，横顶村人。她在 2006 年 5 月 21 日摆上供，烧上香，为儿媳妇求子，结果儿媳 7 月上旬就怀上了。所以她这次赶二月初二的庙会的目的有两个：一个是求全家平安，一个是感谢神灵让她儿媳妇怀上孩子。她点燃自己带来的纸、香，摆上点心，拜过之后将点心拿回家给全家人享用。

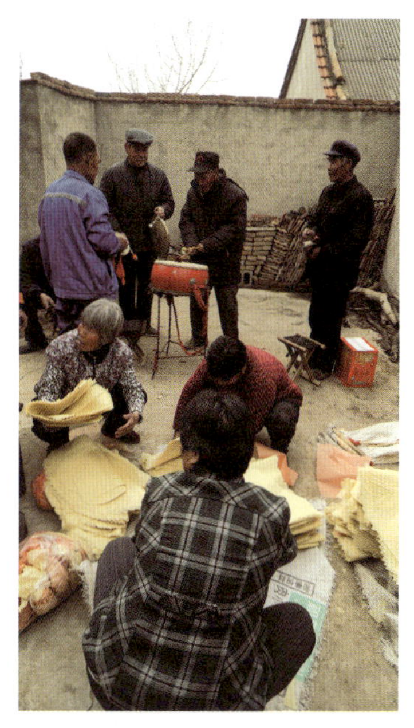

2017 年镇宫庙三月三庙会妇女叠黄表纸

郭玉芬，女，48 岁，南麻峪村人。她说是年年都来磕头，而且是磕 10 个头。她的儿子 2006 年 7 月考上了大学。她没有明确地说是哪一年许的愿，但她相信是自己来拜了泰山奶奶，所以儿子考大学很顺利。当被问及今年来庙里求什么的时候，她一口否认自己是有所求才来的，“不是来还愿的，不求什么，就是来磕头，每年都来磕头，啥也不求”。

2007 年西庙二月二庙会香客送元宝

2007 年西庙二月二庙会道士所唱“清凉经”

有关家庭祭祀，我们举几个例子来说明。

我们在一位 77 岁的女性村民家中看到她家堂屋的东墙中间偏下有一个神龛，平时用紫色的纸蒙着。里面供奉的是观音菩萨和泰山奶奶（右），神像前有三双筷子、一个香炉和两个酒盅。

神龛

西庙北侧一户人家的主妇说："自从信奉泰山奶奶后，托她老人家的福，身体渐渐好了起来。"修建西庙时她家里也捐献了 1000 元钱。她家里有 4 间屋，西屋有一铺炕，东北角有一个神台子，台子上左边是观音菩萨的神像，右边供奉的就是泰山奶奶。对泰山奶奶的供奉是：一个香炉，左边有一双筷子，右边有两双筷子，三个酒盅和一包方便面。

一位女性村民在屋内的东北角有一个用砖砌成的宽约 80 厘米、高约 100 厘米的供台。南边一排有香炉。香炉左边放一双筷子，右边放两双筷子，香炉前是三个茶杯，再往前是一盘豆腐、一个大馒头，10 元钱也是供品。

供奉观音和泰山奶奶的香桌子

一位村民在堂屋东北角（进门后右侧墙角）供奉泰山奶奶

赵兰香家供奉的是泰山奶奶的香身。堂屋内东北角有一用砖砌成的，宽约 80 厘米、高约 100 厘米的供台。

赵兰香在堂屋东北角
(进门后右侧墙角)供奉泰山奶奶

东庙和西庙的神灵有性别差异，那么在日常生活中，参与祭祀的群体或个人是否有性别差异呢？通过调查，我们发现，在家中单独祭祀神灵的村民，祭祀泰山奶奶和观音菩萨的，数量较多，而且几乎全是女性；而祭祀玄武大帝的，仅有看管东庙的姜绍祯和部分女性。非常明显，无论是定期祭祀还是日常的家庭祭祀，祭祀主体均以女性为主，这也是民间信仰在运作中的一个普遍特点。村里所有的庙宇，不拘大小，都会定期举办庙会。这说明祭祀群体或者当地民众对庙会的需求很多。目前，我们从内容简略的碑文以及村民模糊的回忆当中，既不能看到某些仪式活动的具体内容，也无法知道它们的确切历史，不过可以肯定的是过去祭祀活动的规模也还是相当大的。

第四章 村落生活与家族

根据2017年4月初的调查，本村有280多户(亲子分家以后按两户计算)，共698人。目前，本村有15个姓氏：郦、孔、姜、温、田、栾、闫、王、吴、齐、于、赵、徐、耿、李。其中，郦、孔、姜、田、栾姓家族较大，每姓人口有100人左右。村里各姓基本上都是因战乱或荒年而逃至此地的，也有个别姓氏是通过联姻落户到本村。

横顶村历经不同历史时期的洗礼，家族观念比较淡薄。本来红白喜事时相互照应以家族为单位，但近几十年来白公事一切以红白理事会为主导，家族长老不再介入，无形中消弭了一些家族意识。调解矛盾向来是家族长老的职能之一，调解委员会的出现又削弱了这一家族职能。此外，家族之间不排斥村内联姻，使得村内各个家族之间的姻亲关系仿佛是蛛网一般盘根错节，年深日久，族际关系越来越密切。

但以上种种并不能说明横顶村没有家族文化。家族组织依然是开展社会生活的基础，是村落社会的基本组织结构，也是村落社会生活中的一支重要力量。村民热衷于七月十五祭祖，对待族谱的虔诚态度，以及为了个人与家族发展衍生出来的认干亲习俗，都在提醒我们，村里依然有“家族”。

一、家族来源与历史

清道光年间的《郇氏族谱》将郇家世系的源流推至周时的郇泄、汉时的郇吉、三国时的郇原，认为其先人或仕或隐，皆有卓行可称述，只不过世远年湮罢了。现在的家谱为1926年重修，收藏在郇家长房郇良千的后人郇笃忠的家里。根据郇家族谱，在杨家横居住的郇家始祖郇思安是从济南长邑迁于此，后生三子：郇良千、郇良万、郇良存。又以此三子分为三支，至今已有二十世，村里在世的有“六辈子人”。

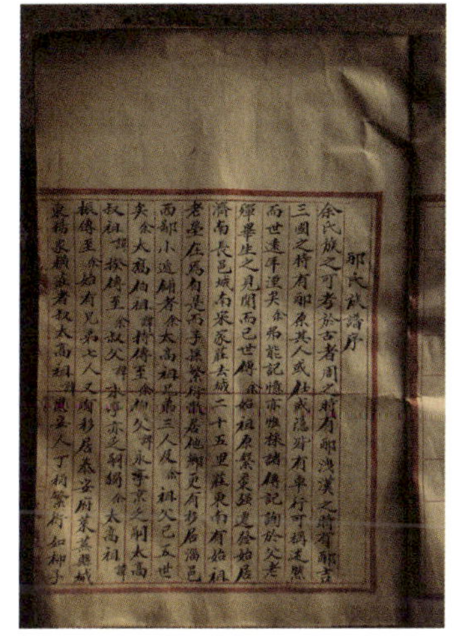

道光《郇氏族谱》序

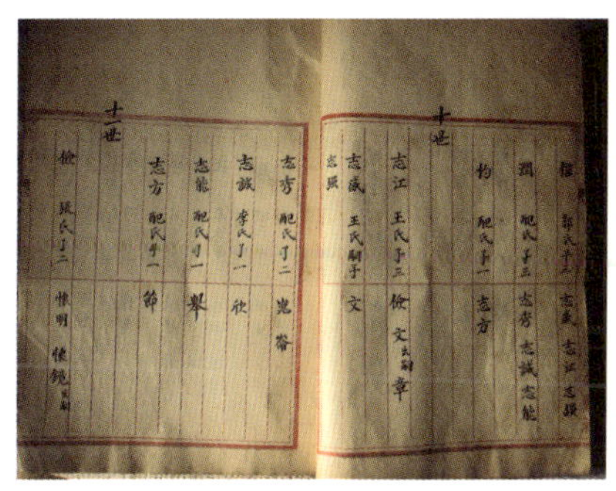

道光《郇氏族谱》世系表

同郇思安一同迁居莱芜的还有他的兄弟郇思义，郇思义落居在同乡的北苗山村。此外，郇家后代也有些繁衍至临近的村庄牛旺泉和南、北麻峪。郇家在20世纪50年代“入社”以前，仍然每年举行两次大型祭祖活动，时间是在每年的寒食和农历的十月初一。届时，牛旺泉、北苗山、横顶村和南、北麻峪所有郇姓家族的成员都来参加。祭祖活动由横顶村的人主持，他们负责置办供桌，准备饭食，请来打渔鼓的说书人。当时郇家在南麻峪有老林十几亩，专门安排一个郇家成员种植，并支出每次祭祖所需的钱粮。“老林”是当地对祖坟的俗称，郇家老林有不少树木，每次所需的费用就可以通过砍伐树木来筹集。外村来参加祭祖的郇姓族人只来人，不添钱。祭祖活动进行

时郕家老少都到老林上去，烧香、磕头、大放鞭炮，场面相当壮观。

但是这种祭祖活动在大约 20 年前就停止了，以前老林上的柏树后来充了公。再后来东家偷一棵、西家偷一棵，慢慢地就全没了。之后为了增加耕地，连坟地也被平掉了。所以，老林现在只是人们心中的一个具有神圣意义的地点，而支撑人们祭祖活动的物质载体已荡然无存。2006 年冬天，郕家后人 76 岁的郕笃堂老人告诉我们说："老林现在什么也看不出来了，全都是田地了。坟都没了，没地方上坟了，活动也就没了。"①

虽然郕家目前是村里最大的家族，但在目前全村所有姓氏中，村民公认温家老祖来得最早。温家老祖来到此地以后，又有吴家的两个人到此落户，然后才慢慢发展成村落。中间又不断有许多姓氏迁移进来，其中既有发展壮大者，亦有寂然湮灭者。根据访谈，家族和人口的这种变化主要是时代变迁和瘟疫造成的。

据温氏族谱记载，横顶村温氏于明洪武年间从河北枣强县迁于莱芜。当时有兄弟三人：温公龙、温公虎、温公豹。兄长公龙迁于莱芜，公虎迁于泰安，公豹迁于邹县。公龙选址于今莱芜市大王庄镇建村，命名"温家庄"。经过百余年逐步向莱芜市各地发展，在明中期，一支迁于莱芜市吐丝口镇姑堆山村，一支迁于今横顶村，最先是在控沟东口居住。

孔家是从西北方向距离此地 30 多公里的泉头村逃荒来到此地，一度发展成村上第一大财主。孔家本来是有家谱的，但是在 20 世纪六七十年代被作为"四旧"烧掉了。目前，孔家人也没有修谱的打算。孔家不是一般家族，要修谱必须去曲阜，但"现在人们都忙，顾不上管这个事"。

村里栾姓人口不多，有二十几口人，共十来户。据村民栾兆堂说，横顶村栾氏自十八世祖栾思龄、栾思敬、栾思朋三兄弟从博山大街南头迁来，繁衍到现在不下六辈人，有上百年的历史。迁移是因为摊上了不好的年月，不是战乱就是灾荒，人们在原来的地方不好生存，就外出逃荒，迁居到此地。百十年前，村里人少地多，赶上荒年月，人口流动比较自由，"随进随出"，没有哪家排挤外来人口，栾家迁入后就辟地建宅，自此扎根横顶村。

栾家有家谱，由栾兆霞保存。栾家族谱自 1745 年(乾隆十八年)创修，其

---

① 访谈时间：2006 年 12 月 4 日；访谈对象：郕笃堂，男，76 岁；访谈人：刘爱昕。

间经历1871年(同治十年)、1935年和10年前的三次重修和续修。我们在栾兆霞家看到的是1935年的重修本。谱中记述了栾家祖先在元代末年从黄县(今山东龙口市)迁居博山,后世子孙散居四方。最近新修的栾氏家谱,与以往有一个很大的不同,那就是女儿也上谱。

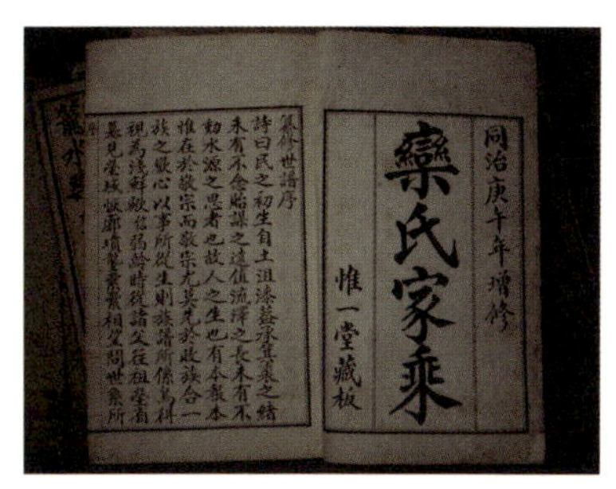

同治《栾氏家谱》序

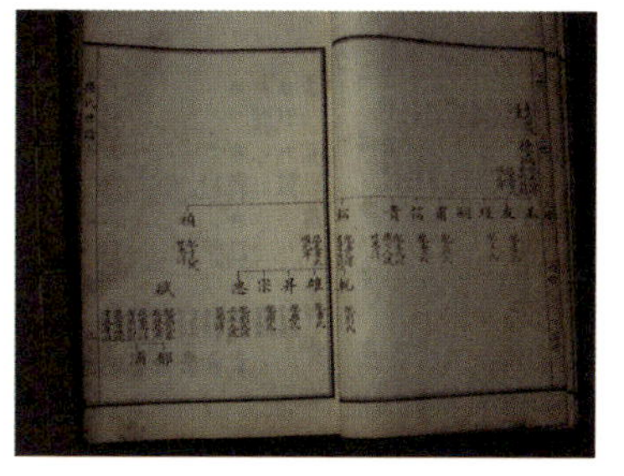

同治《栾氏家谱》世系表

从姓氏迁移来看,横顶村历史上有过人口流动频繁的时期,也因此才形成了目前多姓杂居的状态。这种频繁流动,固然不能说与时代以及天灾人祸毫无关系,但和横顶村的地理位置有重要关联。横顶村处在齐鲁古道上,商业的流动带起了人口的迁徙,因此容易吸引一些人停留于此,以各种各样的方式谋得生存,继而落户。

二、家族与村落权力

横顶村历届党支部书记:

1944～1949年　孔宪文
1949～1956年　郇宗仕
1956～1960年　孔宪文
1960～1986年　孔庆功
1986～1989年　李善友
1989～1990年　栾兆霞
1990～1995年　田洪永
1995年至今　郇业永

横顶村历届村委会主任：

1944～1946 年	邴业勤
1946～1948 年	赵维禄
1948～1953 年	栾尚增
1953～1955 年	耿生贵
1955～1957 年	孔宪文
1958～1967 年	温传海
1968～1969 年	田兴军
1970～1972 年	田福堂
1973～1980 年	赵玉玺
1981～1984 年	孔庆中
1984～1985 年	赵玉玺
1986～1992 年	邴业永
1992～1998 年	栾兆霞
1999～2000 年	田洪永
2000 年至今	邴业永（兼）①

与许多村落一样，横顶村的村管理也与家族势力紧密地联系在一起，甚至家族势力的强弱决定了在村落权力分割上的比重。许多村落的村干部一般来自村内有势力（通常由人口和财力来决定）的家族，但有时也会为了权力的平衡而由弱势家族的成员担任。横顶村内最有势力的两大家族历来为孔家和邴家。据统计，横顶村从 1944 年至今，历届村书记共 7 人，邴家有 2 人，孔家 2 人，李、栾、田家各 1 人。而且孔、邴两家的任期都极为漫长。孔宪文在 1944～1949 年和 1956～1960 年两次出任村书记，任期为 9 年。孔庆功在 1960～1986 年长达 26 年的时间里一直任村书记。邴宗仕于 1949～1956 年任村书记，任期为 7 年。邴业永于 1995 年至今一直出任村书记，已有 7 届之久。现任村干部中依然是邴、孔两大家族占优势。现任村书记为邴业永，孔祥军为会计兼村委委员，邴爱英为村主任、妇女主任兼村委委员，田洪涛为村委委员。

① 张兆清：《十卷书·村庄》(7)，新华出版社 2003 年版，第 772 页。邴业永至 2018 年仍为村党支部书记兼村委会主任。

作为乡村社会最为重要的基层组织，家族势力往往对村落权力施加一定的影响，对村落行政事务进行着无声的干预。近些年，许多村落都发生过干部选举靠拉票的事情。横顶村在干部选举上受家族观念的影响自然也比较大，选干部也是想从本家族中挑选，比如“邴家的愿选邴家人，孔家愿选孔家人，选的时候也是挑自己家族中有能力、有公心的”。不过，选举拉票的事情从未发生过。邴业永自 2000 年开始担任村委会主任以来，连任 7 届，原因是“在任上好好干，不偏心，每次就都能选上”。“不偏心”自然是一个重要方面，但更主要的原因可能还是邴业永及村委其他成员采取一系列的修路措施，结合引进红冠桃和旱地西红柿改变传统农业种植结构，带领和帮助村民致富，从根本上改变了横顶村的贫困局面。全村人依靠勤劳致富，各种车辆畅通在全村的大街小巷，山上盛开着桃花，桃树下又种着地瓜，花生和土豆也在地膜下发芽，横顶村显然比以往更富有生机。近三年，村委也不再像头些年那样为了筹建公共设施到处欠账，这一度成为全村人的骄傲，人们纷纷竖起大拇指说：“俺村不欠账了！”

三、家族在村落生活中的协同作用

尽管红白理事会在村里的作用越来越大，但家族成员之间的联合仍然比较充分地表现在族内成员红白喜事的操办上，遇到红白喜事，同姓人每家每户都得到。丧事由村里的治丧委员会具体操办，但家族成员仍然要到场帮工，娶媳嫁女由家庭、家族负全责。所以，红白理事会实际上只是治丧委员会。在娶媳嫁女这种场合，“大哥”的重要性得到凸显，不管是新人父母的大哥还是新人的大哥，都扮演着重要角色。村里有句话叫作“老哥比父，老嫂比母”，格外显示出人们对家中老大的尊敬。日常生活中，人们遇到同辈分的年长的男性老人，也要叫一声“大哥”以示敬意。

孔家遇有红白喜事，所有孔姓成员都到场帮忙。红喜事随礼钱，要“看关系知己不知己，近的拿钱，远的如出了五服不拿钱，也来帮忙”，一般来说五服以内的都要以适当数目的现金充当喜礼，表示全家对主家的祝贺。

邴家遇到红白喜事，不管是哪个辈分，也都要到场，每家每户去几个人，依各家人口多少而定。丧礼上出丧、供白、管理都需要有人，血缘关系远些

的就负责干活，如出丧时抬棺材、刨坟、炒菜或者伺候来吊唁的亲友，血缘关系近的就要跟着陪灵、跟着哭。

田家和姜家也算是人口众多的家族，遇有红白喜事亦是本姓人单办。人口比较少的齐、于、李、闫、栾、赵等姓氏，选择合伙办事，充分体现出村落社会中小姓家族联合的特点。有的人家在人手不够时就花钱雇人。家族小的人家，亲戚自然就比较少，但是只要在村中威信好，无论家里遇到什么事情，邻居们都会过来捧场。平时有矛盾的，这时也不能在乎，也要到场帮忙。一般等丧事过去，不管多大的矛盾都能有所和解。

在红白喜事活动中，家族的凝聚力得到了不断的加强，而姻亲关系被排斥在家族血亲之外，只是以一种到场的形式起到参与作用——姻亲要带上仪式所规定的礼钱和礼品出席红白喜事的仪式，并被奉为上宾入席。虽然他们也可以为红白喜事的仪式出谋划策，但他们通常并不亲自操持。同族血亲可以不赠送礼品，但是必须在现场干活，或迎来送往，或主柜或主厨，或干其他杂役。即使两家有过摩擦，若不到场也会受到舆论的谴责。

在修房盖屋和有重大农活时，村落中的家族、姻亲及邻里街坊等各种关系的力量都参与进来。修房盖屋时，最能凸显出来的是姻亲关系。届时舅、姑、姨家亲戚都会来帮忙，而且来时必须带烟酒。本家兄弟、叔侄等亲属也来帮忙，但不带烟酒。若平时有矛盾的，这时一般就不去了。如果自己忙，也可以不去。邻居也会主动来帮忙。此时来帮忙的人多，就显得主家人缘好，有威望。

家族关系在具体的生产生活中也发挥着重大的作用。孔凡玉老人育有三女二子。大女儿嫁到青石关村，二女儿嫁到北麻峪村，三女儿嫁到英章村。大儿子在普通村开了一个门头，卖装饰材料，因为大媳妇娘家在普通村，他们在那里买地基盖了一幢二层小楼。小儿子在博山打工。孔凡玉的爷爷孔宪桐共兄弟二人，弟弟是孔宪椿。孔宪椿有三个儿子，其曾孙都在村里生活。孔凡玉老两口平时在农活忙不过来或有其他的事情需要帮助时，孔宪椿在村里生活的后代都纷纷过来帮忙，这样的事情凸显出来的是人与人之间的善意和温情，也是家族内部的团结和互助，更是地缘聚落内部深厚的情感联系。从村里的实际情形来看，这种家族内部的互助较多地体现在五服之内的范围里。

四、分家析产与养老

现在分家的时间越来越提前了，年轻人不再像老一辈人那样，结婚之后起码得过个一年半载才会分家，而是结婚后很快就分家。兄弟分家，一般是由家中的老人先提出来，挑个好日子，将财物分好以后，采取抓阄的方式进行分配，抓到哪一堆全凭抓阄人的运气。除了分房子，还要分“家什”(生产、生活用具)和粮食，锅碗瓢盆也一律分清楚。此外，有外债的家庭可能还会把债务分摊到儿子的头上。分家时，最重要的一点是诸子要平均分。粮食是按人口，房子要论搭配，房子好的儿子要拿点钱给房子不好的兄弟。分家不能偏向大儿子或小儿子，否则会闹出家庭纠纷。

由于计划生育制度的实施，分家也由兄弟之间析产转变为老人和儿子分开吃饭。以前，只有一个儿子的家庭，老人就跟着儿子过，现在是大部分家庭即使一个儿子也分家。分家之后，各家开始独立生活，父母有自理能力的时候“单过”。老两口还干得动农活时，儿子给父母的金钱或用物就随意一些。一旦父母失去劳动能力，就由儿子们平均分担他们的生活费用。

每家儿子对老人的赡养情况不太一样。邴业永共兄弟五人，只剩下了一个老母亲自己单过。2006 年，每个儿子一年给 30 块钱加一袋面，每个月轮流送柴火。过年和过生日时在外工作的孙子女每人给 200 元钱。生病所需费用则阖家集资。邴业永的三弟在和庄镇当干部，属于“领工资的人”，因此他出钱要比其他兄弟们多一些。后来老太太去世，也是兄弟五人共同出资发送。现在村里的老人有的是在儿子们家轮替供养的，一般是每家一个月。几天就将老人轮替一次的人家，在村里会受到谴责或笑话。现在不孝顺老人的情况很少见了，一则是生活比以往富裕；二则农村养老保险已经普及，因此在这方面的矛盾调解也越来越少。

对于家产的继承，该村一直延续传男不传女的传统。所谓“儿子的江山，闺女的饭店”，老人死后，家业由儿子继承，没有闺女的份儿。老人不能自己做主给闺女家产，若要分，则要征求儿子的意见。如果哥哥或弟弟同意给点什么，出嫁的闺女就拿点什么。儿子们平分父母的遗产，而女儿则成了“嫁出去的女儿，泼出去的水”，被视为外人。但娘家对嫁女也有诸多形式的

关照，例如当嫁女分家的时候，娘家要给闺女家“添囤”。所谓“添囤”，即给嫁女陪送麦子、玉米、豆子等粮食，还要买上锅、碗、瓢、盆等生活用具。一般娘家的大娘、婶子、姐姐等亲戚都会参加“添囤”。嫁出去的女儿对娘家父母的赡养责任，主要被认为是逢年过节的看望以及生病住院时的贴身照料。但从实际情况来说，目前村里也有一些老人是依赖出嫁女来度过老年生活，衣、帽、鞋、袜以及日常吃的零食甚至零用钱差不多都是由出嫁女提供。

五、过房儿

在当地，过去有过继儿子的习俗，过继的儿子被称为“过房儿”。招“过房儿”的主要目的，一是想在自己年老体衰、失去劳动能力时，能得到照顾和供养，这是对老年生活所做的一个比较现实的规划。二是为了死后有人给自己披麻戴孝，因为在葬礼中有很多职责和仪式是必须由儿子来履行的，尤其是“顶包打瓦”一项。谁在葬礼中给自己“顶包打瓦”，自己的香火和家产就由谁来继承，以后逢年过节就要由他来祭祀自己。这实际上是为了能延续自家的“香火”，免得别人说自己后继无人，被称为“绝户”，死后能有人上坟、祭祀。在过去，这些由儿子或“过房儿”的行为是不能由女儿来完成的。没有儿子的人家为了让“过房儿”履行相应的义务，都是按规矩将自己的全部家产送给“过房儿”，而亲生女儿没有任何权利分到哪怕是一小部分家产。

现在，村里招“过房儿”的情况几乎没有了。除了由于社会进步促使思想观念有了些许的变化外，主要因素是招“过房儿”这种行为不能给自己带来任何的实际利益，尤其是他们在养老方面无法履行基本的义务，老人在现世能得到赡养的愿望落空的居多。据访谈对象说，能对老人尽到赡养义务的“过房儿”确实是少之又少。习俗对此的压力也较小，每逢遇到“过房儿”不养老的情形，人们会觉得“到底不是亲生儿子”，实际上鼓励、纵容了“过房儿”的不孝顺行为。久而久之，招“过房儿”的习俗自然也就消失了。

既然不招“过房儿”了，那么没有儿子的人家除了让自己的女儿嫁在本村外，其实也还在寻找其他解决办法，比如抱一个“养儿”，即养子，或招一个女婿上门。而无儿无女的人家，当年老失去劳动能力后，就成了村里的“五保户”，由当地民政局拨款供养。2016 年的时候，五保户每人每年

领3500元，土地仍由本人或在亲属帮助下耕种，最后由直系亲属给他们养老、送终。

六、认干亲

村里一直以来都有认干亲的习俗，源于希望自己的家族有外援、能够兴旺强大的愿望，其形式主要有认干娘和认干兄弟两种。

认干娘是为了自家的孩子"好活"。但是一般人都不愿给别人做干娘，害怕给别人当了干娘后自己的孩子不"旺相"。因此，想认某人当干娘，要找中间人去说合，带上礼物表示自己的诚意与恳求。有的家里穷，就认个石头当干娘，也跪下给它磕头，过年过节给它烧纸上供。为了孩子能好好地活下来，村民往往给孩子取"套子"或者"锁子""留柱"之类的乳名。

有一位村民想认某人为干娘，中间人到她家去了好几次才得到应允。拜干娘时，需摆上供桌烧香拜神。给干娘买上几尺布，围到腰上，形成一个肥大的筒子，然后把干儿子从布筒子里顺下来，好像这孩子是干娘亲生的一般。这位村民还和干娘的二儿子拜为干兄弟。干娘虽然又叫"亚娘"，但要当亲娘对待。逢年过节，或者干娘有病时，都要去看望。现在干娘已经去世了，但两位干兄弟之间的来往还是很亲近，而且双方的儿子每年过年也会去看望自己的"干大爷"或"干叔叔"。

另一位村民，有三个姐姐，家里上年纪的"怕立不住"，也要给他结干亲。他拜的干亲不是干娘，而是磕头兄弟，但也叫干兄弟的娘为"干娘"，不过因为他拜的是磕头兄弟，所以与拜干娘还不一样。虽然彼此也要叫干兄弟的爹娘为"爹娘"，但是在干娘那里并不举行什么仪式。这位村民结拜的磕头兄弟，其家里还有三个亲哥哥，这就叫"人旺"，人们都愿意找这样的人拜干兄弟。不过，刚开始，磕头兄弟的母亲并不愿意，也是中间人来了几趟才同意。

村民认干亲经常是爷爷、奶奶亲自操持，把这事当作一件大事去处理，"那时有了个男孩就跟宝贝疙瘩似的"。现在有些时候父母也会主动参与操办。如果两家生活都富裕，关系也要好，都只有一个儿子，就会拜干兄弟。这种拜干兄弟是由于双方父母关系好，父母主动拜的，不是孩子自己要求

的。帮孩子拜干兄弟，主要是家里父母想为自己的孩子找个“靠帮”(帮手)，遇事能互相依靠、互相帮助。拜干兄弟时，如果一家过得好，另一家过得不好，往往拜不成。这其中的原因不言自明——谁也不想给自己找一个总是需要自己去帮助的累赘。同样，如果对方的条件比自己好，因为自尊和面子，同时出于不愿意给人家添麻烦的心理，也会对其避而远之。

找干娘也是有目标的，家里最少有两三个孩子以上的才行。只有女儿的妇女不能给人家的男孩当干妈，但当女孩子的干娘可以。女孩子也有找干娘的，不过家里老人没有给闺女主动找干娘的。这和家里主动给男孩找干娘或拜干兄弟的情形完全不同，一般都“是因为人家看着这个女孩子，人长得好，会说话，品行好，自己家就一个女孩子，就想给自己的孩子找个干姊妹。也有的家里只有男孩，没有女孩，家里做母亲的就愿意认个干女儿，可以给这个闺女说说知心话。有的话不愿给儿子、媳妇说，愿意给闺女说”。

也有女孩之间互相认干姊妹的，这都是双方自愿。两个女孩要好，可以经过家里同意认个干姊妹。认干姊妹的时候，女孩相互给些礼物，互叫对方的爹娘为“爹娘”，不需要找介绍人。做干姐姐要有大姐的样子，拿的东西要比干妹妹多。

第五章
人这一辈子

人这一辈子总是要有一些坎儿，这是人进入一个社会阶段时的文化逻辑。传统社会把我们每个人的一生以出生、成年、结婚与死亡四个节点划分开来，由此来加强生命的意义，体现生命的价值。

一、娶媳嫁女

(一)盖房

“有儿就要早盖房。”村里面有这样一个不成文的习俗，如果没有给儿子盖好房子，儿子是不好找到媳妇的。所以，凡家中有儿子者，必须早早地给儿子准备好结婚的新房，一般是在孩子 10 岁左右便开始破土动工。新房子盖好之后，东屋单独隔开，预留给儿子做新房。房屋建造完毕，等到儿子结婚的时候，把房子重新粉刷、装饰一下就可以了。不过也有些年轻人长大成人后选择在工作地点买房结婚，这样原来预备的新房便成为他们回老家时的居所。

(二)提亲、订婚

儿女一到了成家的年纪，父母就要忙着给张罗亲事。男方觉得哪家闺

女合适，就找个媒人去提亲，如果女方家觉得合适，也要找个媒人。这样一来，两家有什么要求、有什么想法，就可以通过两个媒人来传达。媒人一般是村中那些能说会道的妇女，也有自家的亲戚主动为晚辈张罗对象的。但是，近些年，由于年轻人外出打工，很多人都通过自由恋爱的方式择偶。如果父母在横顶村居住，就按照老规矩来办婚事。若父母也在外地，就在外地办婚事。总之，尽管年轻人基本能够实现完全的自主择偶，但是婚事还是依靠父母来操办。择偶标准也发生了较大的变化，门当户对或者经济条件并非最重要的因素，人品好、善良、孝顺、有责任心是人们最为看重的品质。

按照旧俗，提亲以后，男女双方还必须"合八字"：找个"能人"给算算卦，按照男女的年龄、时辰合计一下，看这门婚姻是否可以结，合适的就同意这门婚事，不合适的就此作罢。即便是现在自由恋爱的男女，打算结婚之前，家里也会找人算卦。不过，总体而言，只要年轻人自己彼此看中，就算八字不合，任凭老人怎么说也无济于事。

老规矩是八字相合，就可以相亲，相亲就意味着定亲，这种意义的相亲和现在的相亲内涵完全不同。定亲不需要专业人士查日子，父母自己选个好日子就行。媒人把男方家给的衣服、首饰用一对红包袱包好带给女方，得到女方家庭"一顿伺候"（酒宴）。等媒人回到男方家，男方家也要整治一桌酒席伺候媒人。所以人们都说"一对红包袱就能定下亲事"。定亲之后，男女双方基本就没有什么来往，只有在年节（腊八和六月初六）或者是快要结婚的时候，女子才会被接到婆家住上三五天。

1949年前后，定亲形式简单，"媒人把婆家给的两副银坠子、两副银镯子、两把红绑头绳、红扎脚带子、六双到小腿的高筒线袜子送到娘家"，这就算双方确立了姻亲关系。而现如今的定亲，女方要找上四女四男，男方也要找上陪客，凑两桌席。男方父母及其至亲都要给女子各种名目的钱，比如定亲钱和改口钱，但实际上由于经济的原因，在很长一段时期内，定亲的时候并没有这些名目。定亲钱都压在一个匣子里，根据时代的不同，20世纪七八十年代定亲的压匣钱也就是百八十块，现在都是女方家提要求。10年前是10001元（取意"万里挑一"），或者15001元（取意"万无一失"），近两年是21800元，或31800元。男方的姑、姨、舅起码也得给几百块钱的见面礼。男方条件越不好（家庭不富裕），女方就越"猛要"彩礼。衣裳和首饰一般都是

到博山去买，包括四季衣服和戒指、手镯、项链、耳环等。这样定亲之后，两家走动就比较频繁了，不仅双方长辈的丧事要互相参加，逢年过节（端午、六月六、腊八）还要接未来的儿媳妇来过节，给她零花钱，并给买换季衣服。

定亲之后，男方长辈要找"能人"查日子，看女子适合双岁结婚还是单岁结婚，月份也有讲究，有"正、七月"，有"二、八月"，还有"三、十月"。查好之后用红纸一式两份，给女方家送一份过去，其上写着几时结婚、几点铺房、新人脸朝哪个方向、几点几时举行婚礼、几时入洞房，这就叫"换年名帖"。村里同时并行两套结婚日期的择定方法：一套是上述的习俗，另一套则是"五一"或者"十一"假期。现在大都是年轻人自己操心选购结婚当天穿的服装。婚前照婚纱照也是一个新兴不久的习俗，颇受年轻人的喜爱，他们把大尺寸的婚纱照挂在卧室床头上，也会把小尺寸的照片留在娘家，给因女儿出嫁而产生失落感的父母一个念想。老人们认为这是一个非常受"年轻人重视"的事儿，但有"花这个钱照几张相片"，有的老年人还是看不惯。

（三）迎娶

等到迎娶的头一天，娶媳妇的人家要用红纸包上两块砖头，绑两双筷子和一把艾蒿，放在大门两边。（上喜坟以后，就把红砖扔到屋顶上）还在大门口贴上大红的"囍"字，所有的门框都要贴上红色的对联。新郎拿着红毡拜村子，到了长辈家门口，先铺毡，后磕头，告诉他们自己要结婚了，不过这种习俗现在完全见不到了。

2006 年一户人家娶媳时往房顶上扔的红转

头天晚上男方还要铺床。在结婚用的新炕上，家里的女性长辈要铺上干草、豆秸（"豆秸上炕，儿女一大帮"）、芝麻秸（"芝麻秸，养儿当官"），还要把葱（"儿女聪明"）和黄草

（谐音“皇”，寓意子女能当官）各两把放在炕的两头。接下来才铺上新的褥子和被子，被子和褥子角上要放上一对栗子和一对枣。新床铺好，“不能叫炕空着，要找大伯（新郎的大哥）来压炕”。俗话说：“大伯压炕，儿女一大帮。”如果家中没有大伯，就用一根扁担压炕。

结婚那天，天还不亮男方就要去接媳妇，为的是卯时能够到婆家，拜天地的时间讲究一大早最好。娶亲时带着锣鼓、灯笼、火把，有钱的人家还会雇上几个吹手，一路吹吹打打、热热闹闹地去女方家。20世纪四五十年代，娶亲的时候，女方家还要找上一个女的和一对男的送新媳妇。这个女的一般是新娘自家的某个婶子或大娘，反正得是已婚妇女，叫“送女婆”，对方也得有“接女婆”。男送客就找自家的舅舅充当，再找一个叔叔或大爷搭配。到了六七十年代，国家提倡男女平等，所以请一对未婚的姑娘来陪新娘出嫁逐渐成为一股潮流。现如今，结婚找送客的时候，各家习惯略有不同，有像老规矩一样找一女两男的，也有按照新式办法找一对未婚姑娘的，二者兼而有之的也有。

在老人们的记忆中，结婚大都安排在冬天，新娘穿一身火红的嫁衣，红棉袄、红鞋、红袜子都是必不可少的。女孩流行绑大辫子，头上一根红头绳是少不了的。现在随着城市风尚的传播，婚纱也受到了一些农村新娘的喜爱，不过到底传统的力量大，穿一身红的新娘子更多，只是头发不再用红头绳扎起来了，都是提前一天去理发店盘头。出嫁的头一天下午，新娘还要由婶子或大娘开脸。开脸俗称“绞脸”，绞去脸上的汗毛，一则显得脸庞光洁，二则说明新娘子马上就是已婚妇女，不再是父母身边娇滴滴的“小闺女”（未婚女子）了。绞了脸，盘了头，化好新娘妆，一切打扮停当后要和父母辞行。按照老规矩，在迎亲队伍到达之前，新媳妇就在屋里把婆家送去的红盖头盖上，盖头每一个角都坠着一枚铜钱。

接新媳妇以前用毛驴，毛驴背上要放上鞍子，铺好被子，好让新媳妇坐着舒服，现在用汽车。新娘不能沾娘家土，怕带走了娘家的财气，所以由哥哥、弟弟们把新娘用椅子抬到毛驴背上去，此时各种事务都已经安排妥当，可以出发了。过去新郎不去迎亲，家中其他男子步行去女方家接新娘。现如今，新郎要跟着迎亲的车队一起去接新媳妇，由新郎把新娘抱上轿车，也算不沾娘家土了。

新娘的嫁妆在结婚那天一起带到婆家。嫁妆依女家的经济状况而定。嫁妆是女人非常重视的事情，几乎每一个女人都清楚地记得自己的嫁妆究竟有什么东西。一位20世纪50年代出嫁的大娘还记得自己的“娘家陪送了一个箱、一个柜、一个柜橱、一个针线簸箩、四个包袱（包袱里头有棉袄、棉裤），没有铺盖”。在20世纪80年代前，女家的嫁妆大概也就是这些种类。那时候，红包袱上还系着红带子和一对制钱。还有三把铜锁、三把钥匙，三把钥匙还要用一根红线和一些铜钱拴一起。铜钱是一岁一对，21岁结婚，就拴42个铜钱。有条件的家庭再给闺女一铺一盖。一般来说，婆家也要准备一铺一盖。1986年，孔祥军娶媳妇的时候，丈人家（下洼村）陪送的嫁妆就是当时比较流行的搭配，有高低柜、站橱、写字台、点唱机。前年他家盖了新房子，置办了新家具，这些结婚时的嫁妆便放到了老房子里使用。

2006年一户人家娶媳时所做的新被褥

现在新娘的嫁妆不管家具、家电有多齐全，无论如何父母都要给她做一件棉袄，置办几套新被、新褥作为铺盖。被子“有多无少”，有的十几床，两床、四床也行。铺盖的颜色以鲜艳为主，红的、绿的、黄的、花的比较受欢迎；面

料以棉布为多，但也有丝绸的、水洗绒的。

从女方到男方家，如果路上要过河，新娘就得用红带子在腰上扎上“三官镜”，到了晚上就把镜子搁在席底下枕着，据说那样能除妖秽。接新娘的人中，有人专门拿着一块红毡或是红布，沿路碰到碾、磨，都要用那红布遮盖一下，人们认为这样可以驱煞。

村里的碾

一户人家的磨

新娘快到门口的时候是不是放鞭炮，要看“能人”查的日子，有“宜量动响”的，也有“不宜量动响”的。适合动响的，等新娘快到门口时放鞭炮。新媳妇进婆家大门的时候，要迈“豆秸火”(豆秸火堆或芝麻秸火堆)。有人认为，芝麻秸象征节节高，生的小孩可以做高官；豆秸则象征将来生的小孩可以考中秀才。也有的人把这叫“跨灰堆”，能袪除煞气。以前由“接女婆”扶着新娘下毛驴，现在由新郎把新娘一路抱着进大门。因此，迈“豆秸火”就成了新郎抱着新娘迈了。迈了火盆之后还要跨马鞍，象征小孩以后骑着高头大马，实际是做高官的寓意。

迈过豆秸火，新媳妇就算是从娘家来到婆家了，第一件事情就是要换鞋。其实穿在脚上的鞋子本来就是新的，只是按照习俗进了婆家门就得换双鞋，换下来的鞋送给娘家人或婆家人都可以。

拜天地仍然是婚礼中最为重要的仪式。将一张桌子摆在院子东侧，其上摆放一对红蜡烛和供品，供品不拘一格，若想简单一些，仅仅摆上香炉也是可以的。公公、婆婆坐在桌子的两边，司仪一般是由自家的亲戚担任。一拜天地，二拜高堂，然后是夫妻对拜，这是千百年来婚礼中不变的程序，自此新娘成为新郎家的一员。

拜完天地就入洞房。以前讲究新娘脚不能沾土，所以“导毡”是必不可

少的程序，两三块红毡一直交替使用来到新房的炕跟前。炕前有块斗，斗上要放黄黏米做的糕。新媳妇要踩着糕或者升（量器）上炕，取其吉意，“步步高升”。抱糕是有讲究的，要找适当的人来抱，这人一般是新娘的小姑子。新媳妇踩完糕之后，那糕就可以给大家分分了，但是要留下一点，给新媳妇回门的时候带给娘家人，作为“回门饭”之用。不过，现在村里的年轻人已经没有这些讲究了，婚礼上的“导毡”和“踩糕”习俗也不太常见了。

进入洞房首先要“坐时辰”。按照年名帖上所说，新媳妇进哪间屋，面朝哪座炕，都是有讲究的。新媳妇上了炕之后，就不准再下炕了，这样一坐就是一天。新媳妇坐炕的这一天，娘家的亲朋好友专门给“送小饭”，祝愿新媳妇以后“不缺饭吃”。过去是送鸡蛋给新媳妇吃，既营养，又能不去“茅房”，因为旧俗说“新媳妇三天不吃腥，回门的时候才开斋”。现在头一顿是面条，第二顿是水饺，有的亲友干脆一盘子把面条、饺子都端过来，新媳妇一般就吃一口意思意思。新人吃一点儿面条，就把面条倒了，给送饭的亲友放上两个馒头，吃水饺不用如此。现在坐时辰也就十来分钟，马上就和伴娘一起去吃“大席”了。

在洞房里还有一项重要的内容，那就是填枕头。枕头是由“送女婆”填的，她在临走之前帮新媳妇填一对枕头，里面要填上麦秸、一对红筷子，也有的放上栗子和枣。“送女婆”边填边说“左一把，右一把，不到三年养活俩”“左一掐，右一掐，不到三年养活仨”诸如此类的吉祥话，祝祷新媳妇早日生儿育女。不过“送女婆”不能将枕头填满，之后谁进洞房来，谁就帮着再填两把，来洞房看新媳妇的人多，不一会儿就能把枕头填满了。

这边洞房里新媳妇坐床，那边婆家忙着招待亲戚们。一般是上午10点多钟在家“待亲戚客”，晚上“请庄乡客”，也就是先招待亲戚，再招待本村邻居。礼钱也是水涨船高，以前亲戚上1块钱的礼，主家就得待客，后来一般亲戚给三四块钱，只有“知己的亲戚”（姑舅至亲）才给五六块钱。现在要想吃上喜宴，起码得随50块钱的礼。具体多少钱，还是得看账本，根据上一次家里办红白喜事人家上礼的数目来决定回礼，二三十元的有，一二百元的也有，“知己的亲戚”得拿1000块钱。村里人结婚本来就不大操大办，有的人家里亲戚少，摆个三四桌，亲戚多的人家怎么着都得一二十桌。兰子沟水库旁边有一家饭店，是村民办喜宴的首选，有的也在自己家里请村里的厨师办大席。喜宴进行中间，公公和婆婆要去给亲戚“先

酒”(劝酒),表示对各位亲友的感谢,但是现在新娘和新郎也要出面敬酒了。

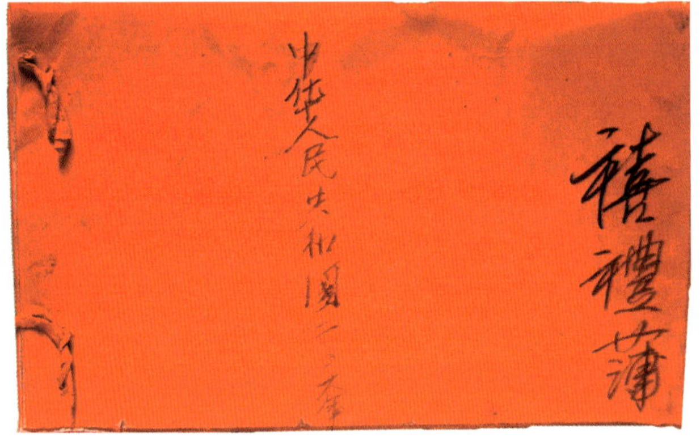

2006年一户人家娶媳妇的“喜礼簿”封面

夜晚招待庄乡客以后,与新郎差不多年龄的小伙子们都来闹洞房。有很长一段时间,闹洞房“闹得可厉害了,新娘、新郎都被大家闹得够呛,把一对新人连拖带拉。厉害的能把炕上的砖给踩烂了,他们不仅要闹新人,还要向新人讨喜糖、喜烟。一般要闹到晚上十一二点大家才肯罢休”。不过,随着村中的年轻人离开家乡外出打工的越来越多,办喜事的人家想请人来闹洞房都无人可请了。闹完洞房,新郎、新娘要喝合婚酒。

(四)认大小、回门

新媳妇第二天要早早起来给公公、婆婆端瓦盆(尿盆),公婆要给钱。小叔子、小姑子要给新媳妇端瓦盆、扫当门(扫门口的地)。对于此俗的解释,人们笑说“这也是来要钱的”,新嫂子得给小叔子和小姑子红包。接下来新媳妇要给公公和婆婆磕头,还要带上点心拜望家族长辈,这叫“认大小”。认大小的时候,新媳妇不用给长辈磕头,但长辈们要给新媳妇磕头钱,这是新媳妇的福利。在结婚前一天,新郎已经给长辈们磕过头了,所以村中有“男人磕头,老婆要账”的说法。随着社会经济条件的提高,磕头钱和婚礼中其他的花费一样,也在与日俱增,由两三角、五六块到了五六十,甚至100元。新媳妇的另一个福利,是“三天媳妇大起婆”,意思是结婚头三天,媳妇不需要干任何家务。

新媳妇认识了婆家长辈后，接下来是上喜坟，全家人包括嫁出去的闺女带上酒菜一起去坟地。将红色的坟头纸压到坟头上，新娘、新郎先磕头，家里其他的人再磕头。

婚后第三天，新媳妇该回门了。回门的时候新媳妇得给婆婆磕头，表示征得同意之意。一对新人要挑一担篼子(类似篮子的盛具)回娘家，篼子里面放上四色礼(点心、酒、烟、馍馍)。娘家那边要摆一桌酒席，还要找个能说会道的男人当陪客。丈人和丈母娘不上席，他们不能和小字辈坐在一桌席上吃饭。新人在女方家不能过晌(正午)，当天就得回来。回去的时候，丈人家把拿去的四色礼象征性地留下一点，其余作为回礼再返回婆家。新媳妇回到婆家之后，也要给婆婆磕头。

结婚四五天之后，一对新人还要到新郎舅舅家去上坟，炒上6个菜，拿上2盘馍馍(每盘3个)，带上烟酒。这次去姥娘(外婆)家上坟，也是全家人都去，午饭之后再返回。

(五)婚后走娘家与亲戚关系

结婚后，新媳妇彻底变成婆家的人，从此要踏踏实实地过日子，再走娘家，那就是娘家正儿八经的亲戚了。刚结婚的时候，女婿自然是贵客，走丈人家带的礼物也比较丰厚和珍稀；以后常来常往了，礼物也渐渐变得家常，丈人家也不会再像结亲初期那样隆重而客气地招待了，因为彼此之间形成了一种类似亲人的关系。俗话说："一个女婿半大儿。"没有儿子的人家遇到什么事情，女婿就会过来帮忙，在家中处理事情时也会占据主动权。人老了之后，总是觉得自己的闺女说话最亲，和闺女家离得远近并不影响关系的亲疏。年节的时候闺女都会带着烟、酒、茶来看自己的爹娘。但有一点禁忌，如寒食、清明、七月十五和春节不能在娘家过。如果儿媳妇在娘家过以上节日，公婆就会死在"栏里"(养猪、养羊等家畜的圈)。现在，尽管人们认为这完全是"婆婆多事"闹出来的禁忌，但仍然很少有人敢于破除这一禁忌。

媳妇也要认真处理与婆婆的关系，这全凭媳妇为人处事的本事。只要人品好，处理好与婆婆、大小姑子和邻居的关系，无论媳妇离娘家多远，娘家的社会地位高还是低，嫁妆是丰厚还是菲薄，都不会对家庭关系产生什么影响，更不会让婆家的人瞧不起。

通过娶媳嫁女，人们建立了姻亲关系网络。在村民的观念中，亲戚一般是指姥娘家的姨、舅，自家的姑姑和姐妹，还有媳妇娘家的兄弟姐妹们。自家的亲兄弟、妯娌那是一家人，即使分了家那也是一家人，说是亲戚就生分了。“是亲三分向”，姑、姨、姥娘那可都是至亲，他们碰到任何事情，都得给他们帮上一把。对这些亲戚都不能直接称呼姓名，一般称呼自己孩子的姑姑叫“恁姑”，姨就是“恁姨”，姨夫就是“恁姨夫”，如此可以表明自己对孩子这些长辈亲戚的尊敬。人们重视亲戚关系，比如村里不时兴叫“姐夫”，要叫“哥哥”，据说这样可以显得关系亲近，若是自己妹夫，可以直接叫他的名字。事实上，由于村内婚和较小的通婚圈造成了紧密、复杂的姻亲关系网络，自己一直叫着“哥”的人，可能某一天成了“姐夫”，这时候也不好再改口，便继续沿用先前的称呼。

俗话说：“姑舅亲，辈辈亲；姨娘亲，死了姨娘断了根。”“姑娘、姨娘分不开。”过年过节时都得到自家的姑、姨家去看望。一般来说，姑姑和侄女的关系要好于与侄子的关系，特别是在侄子结了婚之后，“性情容易发生变化”（暗指容易受媳妇的影响），姑侄的关系可能会不如以前。两家的关系要是走动好的话，一般都会不错，但是也往往因为一时言语的冲动或经济上的问题，容易导致关系恶化。舅舅的权力确实大得很，“皇亲灭不了贵舅”，“旧时代打官司那亲爹保不出来的，舅舅就能保出来”；过年的时候，“要去正儿八经地看舅”；外甥娶亲的时候，要请舅舅去陪席；外甥女出嫁，舅舅要去送她；外甥分家的时候，舅舅说话也是很有分量的。

（六）其他婚姻形态

横顶村的婚姻形态，除了常规的嫁娶婚以外，还有几种不同形式。

童养媳婚 过去经济条件普遍不好，谁家人口多养活不了孩子，就把女儿送给另一家的男孩为妻。未到成婚年龄时，女儿在婆婆家被当作闺女养着，帮着家里干活。由于童养媳年龄太小，“不懂好歹，不大会看眼色”，所以动不动就会受婆婆的气。等到了成婚年龄，婆家给她和儿子举行结婚仪式。随着社会的发展，童养媳婚已经完全消失。

表亲婚 村中有一户人家结的姨娘亲，就是姊妹俩的孩子互相结为夫妻，这在过去是没有人反对的，而且还被认为是“亲上加亲”，但现在大家都

知道近亲是不能结婚的了。

结阴婚 和全国无数个普普通通的村落一样，横顶村至今仍然能够见到结阴婚这种形式。结阴婚的时候，女家给闺女做好衣服，再做一个原木棺材，抬到半路上，男家自有人来迎娶。这时的棺材先无须钉上，等男女两方碰了面，要先打开棺材用镜子往棺材里照照，这样顶着棺材盖给闺女开脸，再用梳子梳一梳，等于给闺女梳头。然后男家找自家的一个大娘拿着箩站在杌子（凳子）上指路。办完这一切，才把棺材钉好。由男家来的人把棺材抬到林上（墓地）直接入殓，葬在男子的坟边。阴婚也有专门的媒人帮忙说亲，只要男女两家都同意，男家就开始修坟。结阴婚不雇吹手，没有正常联姻的热闹、喜庆，但婚事过后，两家人一样当亲戚来往。

寡妇再嫁和鳏夫再娶 这两种情形也是有的，改嫁的妇女一般不会再和原来的婆家有什么联系，平时见了面打个招呼，有"事情"（红白喜事）的时候就不再走动了。改嫁后如果有孩子跟着，到了人家家里按照规矩该叫什么就得叫什么。鳏夫再娶，如果续娶的妻子不识礼数，挑拨丈夫与前妻娘家的关系，那么丈夫会疏于与前妻娘家的联系。前妻留下的孩子如果常年不与姥娘家走动，时间长了，这门亲戚也就淡了。

二、生儿育女

（一）求子

结婚一两年还没有怀孕的妇女，婆婆和娘家母亲就开始着急，她们会想方设法求子，甚至去庙里烧香磕头，祈求早日得喜。有的人家因只有女儿没有儿子也会去求子。多年来，村里流传着几种预测孕妇生儿还是生女的办法。最普遍的法子，是根据孕期妇女的口味来断定生男还是生女，想吃酸的就生儿子，想吃辣的就生女儿，这叫"酸儿辣女"。当然，有的人还会从孕妇肚子的形状来判断是男是女，肚子如果是尖的，就是儿子；是圆的，就是女儿。有的老人根据孕妇走路先迈哪条腿来断定生男还是生女，男左女右。还有人说，勤快的孕妇生儿子，不勤快的孕妇生女儿。或者看面相，如果孕妇的鼻子尖上有些发黑，就会生儿子。

(二)孕妇禁忌

之所以会产生许多预测孕妇生儿还是生女的办法,自然是缘于人们对新生命的期待,因此也产生了一些孕期禁忌。如:为了不“冲”了肚子里的孩子,孕妇不能进灵堂,不能见死人;孕妇怕“犯冲”,所以腰间要扎上一条红腰带;孕妇不能用手抓盐,抓了盐孩子会先“下手”(出生时手先出来);去倒灰的时候不能在栏门上磕打,据说要是磕打了,孩子的眉宇间会有一道青痕;孕妇晒衣服的时候,不能把衣服晒到高处,为的是生了孩子之后胎衣(胎盘)好剥落;孕妇忌吃鸡肉,吃了鸡肉怀的孩子会化掉;也不能吃兔肉,吃了兔肉孩子会长兔唇;不能吃狗肉,吃了狗肉孩子七天睁不开眼;孕妇不能乱吃药,怕孩子畸形;怀孕之后,孕妇要适当地运动,不能老躺着,那样对孩子不好。不仅如此,妇女做闺女的时候也不能仰卧,要侧着身子睡觉,因为仰卧容易导致“骨盆矮”,生孩子的时候不好生。

(三)催生、接生、报喜

孕妇临盆之前,娘家母亲要到闺女家催生。母亲要带着鸡蛋、红糖、挂面之类的营养食品,到家之后略略嘱咐闺女就走,不能留下吃饭。村中有这样一个说法:“姥娘催外甥不能坐。”为的是让自己的闺女生得快,少受苦。

人们相信“七成八不成”,早产的孩子7个月的可以活下来,8个月的反而会夭折。基于种种风险,孕妇临产前要避免外出。以前村子里有专门的接生婆,孕妇肚子疼得紧了,不管要不要“破浆”(羊水破了),家里都会把接生婆请来。早前,为了干净就在炕上铺上干草,没有席子也没有褥子。接生婆会让孕妇把头发塞到嘴里,为的是让孕妇感到恶心,能使上劲儿,有利于孩子尽快娩出。在医疗水平不发达的时代,生孩子的时候最怕难产。要是遇到难产,有的接生婆会把手直接伸进去把孩子拉出来,这样当然很容易让产妇感染,留下许多产后疾病。有的难产会导致大人、孩子一起送命,也有的能够保下大人不要孩子的。对孕妇也没有什么止血措施,任血自流。村中有个说法,要是孩子先出手,就在他的小手里放上一点盐,那样他的小手就会缩回去。婴儿出生之后,用剪刀将脐带剪断,用小棉条把孩子包起来就行了。要是孩子生下来不会哭,接生婆就把他

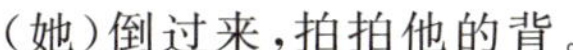

(她)倒过来,拍拍他的背。

在过去,胎衣一般都是埋在家门口,按照婴儿的性别决定方位:男左女右。大人和孩子要在干草里呆三天,才会铺上席子。接生婆给孩子接生了之后,孕妇家里人要伺候接生婆吃喝。等孩子满月的时候,长辈还要再带着各种礼品去看望接生婆,“给她磕个头”表示感谢。在医疗水平低下的乡村,孕妇生产是一件高风险的事情,所以人们才会对接生婆千恩万谢。

随着社会的进步,现在人们都会到医院里去生,大大降低了生产风险。孩子出生之后,会穿长辈专门准备好的婴儿衣服,产妇也能得到较好的照顾,有利于身体的康复。

孩子出生之后,其父亲当天就会去丈人家报喜。让孩子姥姥家知道是男还是女。姥姥家给准备了鸡蛋、挂面让女婿带回去。不过,现在产妇在医院生产,孩子出生,“一个电话打过来”,就算是报喜了。传统的报喜习俗在现代科技面前就自然而然地发生了变迁。

(四)送粥米

孩子出生之后第六天,是延续多年的送粥米仪式,此时孩子的姥姥是重要角色,产妇自家的姐妹也都会到场。近十几年来,来送粥米的亲戚范围又扩展到产妇娘家的姑姑、姨姨和舅舅。粥米比较丰厚,有白面、鸡蛋、挂面、红糖,还有给新生儿的见面礼,如今很多人直接就给送红包了。同村邻居的礼物也不外乎这些,只是要看看账本,根据各自与主家的交往情况适当增减。当地时兴“送生不送熟”,所有吃食比如米、面、挂面等都不要熟的,这是因为届时会收到很多吃食,如果是熟的,若逢炎夏将不利于保存,这不符合人们勤俭节约的习惯。亲戚朋友来了,家里自然要开席接待,有的在自家院子里举办,有的也去饭店办席。饭后不久亲戚们就会离开,此时主家要把礼物留下一些,其余的放在篼子里给他们“压回去”(空篼子返回不吉利)。

(五)坐月子

对新生儿来说,“送粥米”是出生后最为重要的仪式,而产妇最重要的事情是喂奶和“坐月子”。生完孩子,产妇第一顿饭就是吃煮鸡蛋,喝红糖水,

还要喝放了红糖的小米粥，为的是好下奶。如果产妇的奶水不多，可以煮食不加盐的猪蹄，据说这样可以催奶。要是催奶效果不大的话，就得按时给婴儿喂奶粉。20 世纪八九十年代以前，把白面做汤或者熬小米粥撇出上面的油，由大人喂给孩子吃。有时产妇出现月子里"岔奶"的情况，家里的长辈会采取让产妇吃鸡蛋黄的办法来治愈。邻近若有已经生产的妇女，如果奶水足的话，也可以帮助缺奶或少奶的产妇喂养新生儿，诸如此类乡邻互助的形式在日常生活中常可见到。为了防止缺奶、少奶的情况发生，产妇在月子里还不能生气、伤心或哭泣，要吃热乎、柔软的东西。

月子里，产妇极少活动，不能随便挪动东西，不能吃太热或凉的食物。产妇还要把自己裹严实了，冬天得穿上棉衣，戴上帽子，把裤腿裹好防止进风；夏天也得穿上秋衣秋裤，戴上帽子，而且不能随便开窗户。据说在月子里落下的病是"养不过来的"，至今人们差不多还是按照这些老习俗来指导产妇坐月子。婆婆一般是要给儿媳妇伺候月子的，所以产妇坐完月子要给婆婆磕头表示感谢，此俗至今如此。过去有些家族是非常重男轻女的，如果产妇生的不是儿子，家里就没有人伺候产妇，并且她会被家人看不起。现在不管男孩还是女孩，生下来都"宝贝得不得了"。

（六）过满月、过百岁

由于产妇在医院生孩子，满月以后感谢接生婆的习俗自然而然就消失了。过去，婴儿满月了，产妇要去感谢接生婆，给接生婆磕头，还要"截上二尺布，包上馒头"，后来礼物变成了毯子、床单和钱。据说，去接生婆家的时候不能回头看，回来的时候也不能回头看，为的是产妇以后再生孩子的时候能够快一些，少受罪或者不受罪。

满月这天，姥娘也会带着"三表新"（衣服的里表和填充的棉花都是崭新的）来给孩子做满月。衣服一般会做得大一些，因为婴儿长得快。姥娘疼闺女和外孙（女），往往在新衣服里塞上钱。婴儿满月过后一两天，姑姑、姨姨会来给新生儿铰头发，届时主家要正儿八经地摆上酒席伺候招待大家。

小孩过百日，又叫"过百岁"。男女两方的亲戚都会来参加，其场面不亚于结婚。姥娘、姑、姨都拿着各色布料和数目不等的礼钱过来，邻居也会带礼物过来祝贺，也有送孩子一把长命锁的。有个说法叫作"姑做裤，姨做袄，妗子做鞋满街跑”，所以百日这天孩子的小衣服是少不了的。过百日这天，家中也要置办酒席待客。

(七)取名

孩子都会有一个正式的名字，要不会被人骂作“私孩子”(私生子)。小孩起名字一般就是按照家族中的辈分来起，家中“有年纪的”(老人)聚在一起商量着给孩子起名字。除了大名，一般还会有个小名。有的人家闺女多，没有儿子，就会给女儿起“转子”“改子”等名字，希望可以转运生儿子。要是想让孩子长命，就给他们起“栓柱”“锁子”“套子”等名字。要想让孩子升官发财就起名“享福”。还有的人家为了孩子好养活，就给孩子起个“狗蛋”之类的贱名。一般孩子长大了之后，家里人和亲戚、街坊四邻就不再称呼他们不好听的小名了。现在人们起名字，大多表示父母望子成龙、望女成凤的美好期望，或者将美好、温馨的寓意寄于名字里，起名风格与城市完全相同。

三、简办丧事

丧事又叫“白公事”。横顶村办白公事，程序不繁琐，规模也不大，历来如此。所以近几年政府号召简办婚丧喜庆，对横顶村来说，无非就是不再雇吹手了，时间由三天减为两天，其他无甚变化，因此很容易得到村民的理解和支持。白公事两天办完，老人去世当天先去火化，第二天办公事。等火化回来，准备好棺材，把骨灰洒进去。去世第二天早晨再报丧，下午三四点钟就出殡了。

大街南墙上的标语

(一)砌喜墓、备寿衣

一般情况下，做儿子的会根据自家的家庭条件，先给家中“有年纪的”

(父母)修好坟墓。20世纪60年代中期以前,村民十分注重砌喜墓一事,后来此俗一度中断。近十几年来砌喜墓的习俗有所恢复,甚至相比以前人们更加“讲究这一套”了。选坟地要找风水先生看一下,哪个地方是宝地,或者哪个地方出人才。砌喜墓用的是大理石板,可以从和庄镇和博山买到。喜墓是两间,女坟一间,男坟一间,中间有道神门相连。砌喜墓的整个花费是5000元左右。过去有些人家在砌喜墓的时候一并为老人准备好喜棺,甚至一遍一遍油漆。现在一般是老人去世后马上从南麻峪林业社购买,质地为杨木或柳木,不油漆,长度为1.5米左右,价格在500~1000元。

儿子、儿媳妇和闺女要提前为年迈的父母准备寿衣、砌喜墓。人们认为这也是一种孝心的表达:把老人去世后要住的房子、要穿的衣服准备好了,他们会感到非常安心、踏实。闺女要给娘买裙子,儿媳妇给做好“三条领子”(夹袄、大袄和小袄)。其中,大袄和小袄是穿在身上的,夹袄是放在棺材里的。男性老人不要裙子,要有一件长到脚腕的带襟大棉袄。老人会给自己做好帽子、鞋和裤子。寿衣都是使用天蓝色的布料。除了寿衣,儿媳妇还会帮着做好放在棺材里的被子和褥子。

(二)引魂、停尸

老人咽气之前,要找闺女帮他擦脸;若没有闺女,则由儿媳妇、儿子帮着擦。擦完脸之后再帮老人把寿衣穿上。人不能“隔着梁(房梁)死”,所以在咽气之前,就得把老人从里间移到外间。拿一根秫秸横在里间的门口,把一只白公鸡扔出去。如果人是在医院咽气的,也得买一只白公鸡,把魂从医院引回来。老人去世后,子女在自家编的秫秸席子底下放上几根棍子做支撑,上面铺上褥子和被子,这就是停尸的床了。

此时,村里的治丧委员得信后会迅速组织起来,各尽其责。丧主家中所有门上都要贴上用柏枝写的白色对联,大门口要高悬挑着白纸的秫秸,以此昭告全村家中有人去世。子女也很快穿戴起孝服和孝帽。

(三)雇吹手

一般来说,主家一共花五六千块钱就能把丧事“办得很好”,头十几年也就是3000元左右的花费。亲戚邻居来悼念,吃饭都是一碗白菜炖豆腐加上

大馒头。原来都是从口镇雇吹手，那里有几个队伍吹得很好，“吹得叽叽哇哇地，什么调都有”。吹手先吹开丧礼，死者的儿女端着传盘，盘子里放着烟、2尺白布和20块钱，在街上给来的人磕头。接着吹手吹着乐曲，跟着庄里乡亲围着庄转，到各家门口给人家磕头。现在用音箱播放哀乐。谁家有喜丧，子女又多又富裕的，也是和普通白公事一样不雇吹手。有时候，有的子女不能理解，情愿自己一人掏钱大操大办，但经其他子女劝解，也就作罢了。

(四)火化、成殓

莱芜和博山都有火葬场，治丧委员会找一辆拖拉机把死者拉去火化。火化之后，火葬场会把骨灰盛放在骨灰盒里，具体负责火化的亲属现场必须购买骨灰盒。村里人不用骨灰盒，所以在回村的路上，亲属便把骨灰倒在一个事先准备好的包袱里，顺手就把骨灰盒扔掉了。火化回来，儿女在街上一路哭着把骨灰迎进家里，由长子把包着骨灰的包袱抱进家。这时候如果棺材还没有到的话，停尸的床是不撤的，先把骨灰放到上面。棺材到了之后，先要在里面铺好了柏枝和褥子，然后从棺材的大头开始撒骨灰。将棺材视为一个人形，大头就是头顶的位置，要撒上5角的硬币，手里也要放上钱，如果死者为男性，还要给他放上烟，鞋袜搁在棺材的小头，最后盖上被子。闺女要买棺衣，等出丧的时候盖上。准备两个大福馍馍，搁到棺材顶上，上头撒上掺了钱(硬币)的麸子，儿女围着倒转三圈、正转三圈，表示老人有福气。最后还要给死者上供，供品主要有鸡、鱼、丸子、炸肉等。

(五)报丧和停灵

火化来回要两三个钟头，在此期间，治丧委员会要把家人叫到一起商量一下“公事”，比如该向何人报丧、该做什么菜等。报丧是由邻居或帮忙的人带着写好姓名和地址的单子去。与此同时，治丧委员会还要组织人手整理灵堂。外屋的桌子上摆着点心、水果和一盘倒头饭，饭上插着干草，干草的数量按照死者年龄一岁一根。桌前有一个烧纸的盆，儿女在边上烧纸。在屋内停灵，棺材大头朝西。晚上儿女要守灵，不能断了香案。停灵期间，会不断有亲友来磕头，家中会请人专门在门口看着；倘若来了戴孝帽子的亲

戚，便随时告知家里有人吊唁，此时儿女要马上出门迎接。亲戚磕头，一般磕 5、9、24、48 个，最多磕 120 个，那就是大拜。死者的儿子要在桌子的两旁，给前来吊唁的人磕头回礼。

（六）告庙、泼汤、指路

原来村里有座土地庙，现在作为宅基地建造了房子，所以告庙、泼汤和指路只要到村西空闲地转一圈，方向朝西就行。村头的西庙有时候也是一个可选地点，大家都认为土地爷爷在西面。汤是装在水桶里的凉水泡小米。泼汤的时候全家老小都得过去，要泼三道：指路的时候泼一道，亲朋好友磕头的时候再泼两道。

指路，是儿女、儿媳、孙子女一家人去打发有年纪的上西方大路，祈祷他（她）一路顺风。孝子站在凳子上，用扁担高举一张箩，有时候箩里还挂着一面镜子，向着西方高喊三声“爹（娘）上西方大路”，声音越响亮越好。然后把传盘上的三沓火纸烧掉。

（七）出丧

死者去世的第二天下午出丧。出丧之前，治丧委员会要帮助主家购买“柩前一堂”，包括纸马（死者为女人时，不用纸马，用黄牛）、楼子和童男童女。

出丧那一天雇了吹手的，那就由吹手在前头吹着喇叭和唢呐，敲着锣，儿子在后头跟着，见一个门口就磕一个头，围着前街、后街转。现在又不兴雇吹手了，孝子也就不用这样做了。

把桌子拉到大街上，立好牌位，放上楼子。庄乡客给死者在街上磕头。桌子有大用处，一人专门记账，一人专门收钱。至亲来吊唁一般在 100～600 元之间，根据亲戚关系亲疏不等。娘家的兄弟媳妇要过来架着大姑姐（即死者儿媳），兄弟要过来架着姐夫，劝止他们不要太过悲痛。

一切准备停当，先行棺，找外人把棺材给钉上，钉好之后套上闺女给买的棺衣，儿子还要把门口的碗一脚踢开。孙子、侄子等小辈分的人都依次跪在两边。出丧的时候，找四个壮汉帮忙抬棺材（他们也负责刨坟），有人大喊一声“起！”，长子就把手中的瓦砸碎。如果没有儿子，女儿也可以砸。现在也有花钱请侄子砸瓦，但其并不继承亡者遗产。指路也是这样，近些年，纯

女户中女儿也可以给去世的父母指路。

出殡的时候，有个专门挎五谷篼子的人，给闺女、媳妇分粮食，要她们把粮食兜回来，等五七上坟的时候撒到坟顶，等于给死者盖房子了。出殡时路上不撒纸钱。儿女等亲人跟随着送葬队伍一直到墓地。下葬的时候，儿子先下去扫坑，把酒壶、茶碗、酒盅、米山、面山、桃山、茶山拾掇好，先埋上，再下棺材。最后，儿女给去世的长辈磕头，插上花圈之后才会离开。

出丧回来之后，一家人帮忙还租来的家使（各种用具），打扫卫生，算账。发丧第二天一家人还要去圆坟（祭祀）。

（八）烧五七、上百日坟和烧祭日

“五七三十五，亡人才入土。”死者死后第35天必须去上坟，叫“烧五七”。儿女要穿孝服，闺女还要顶着裹头布。大家要在家里准备带到墓地的祭品（包括做菜）。到了墓地以后，子女、孙辈一起烧纸、磕头，然后由闺女和儿媳把五谷撒到坟头上。上五七坟的时候，要给亡人烧纸扎的电视机、金山银山、聚宝盆、柜子、钱柜等，为的是他们在另一个世界不缺钱花、不缺衣食。

一百天的时候，要去给亡人“烧百日”。还是去上五七坟的那些子女、孙辈，一家人带着酒菜到坟上烧纸、磕头，表示对老人的祭奠。

此后上坟，就是祭日、寒食、十月初一，另外七月十五也要用香到西庙东后墙那个方向把亡魂请回家里。死者去世“烧百日”后，嫁出去的闺女不能进“娘家林”（娘家祖坟），只有自家的兄弟结婚以及给去世的爹娘上三日坟、五七坟时才能上林。除非娘家没有兄弟，嫁出去的闺女才在其他时间上坟。

丧事之后，要给有年纪的服三年重孝，这三年一直要穿着白鞋（现在一般是买白力士球鞋）。而且，三年之内不能贴春联、不能请家堂。

墓地一旦确定，不能轻易迁坟。遇到迁坟的时候，要先找“能人”看哪里的风水好，然后和村委协商。老人埋到哪里，子女心里大致上都有数。迁坟的时候光给自己家有年纪的（即父母）迁就行了，其他的祖先烧上香请到新迁的地方就可以了。

四、老人过寿

一般情况下，儿女结了婚之后就会给家中的老人过生日。生日那天早上，老人要起来喝长寿面。近十几年来，村里渐渐时兴给老人买生日蛋糕。等老人 80 岁大寿的时候，子女还要给父母包大红包。办寿席是在老人 80 岁的时候开始办，这天不仅要大宴宾客，富裕的人家还要“雇电影”，就是邀请电影放映队在村里放电影给全村人看。老人过生日，一般都是儿子家出钱操办，虽然现在饭店多了，也更为方便，但是人们还是喜欢在家里给老人过生日。掌勺的是儿媳妇，闺女只是过来送礼、做客。如果是老太太过生日，娘家的侄子一般也会赶过来给姑妈祝寿。

除了过生日以外，嫁女还要在娘家母亲 66 岁的时候，给她“割一刀肉”。正如俗话所说:“六十六，一刀肉。”不管那一刀有多少斤，不准下第二刀。

第六章 村里的节日

一、热热闹闹过大年

过年，人们认为从腊八开始，一直到来年的正月十五，这年才算过去了。过年期间有一些禁忌，比如不能高声说话，否则会冲撞祖先的神灵；三十、初一不能向外泼水，有的人说泼水就是泼财；也有的人认为过年不能泼水，否则这一年就光下雨；过年关系到一年的运气，过年不能吵嘴，否则这一年就不大顺意，“不在上半年，就在下半年，反正是不顺利”。

（一）腊八节搬媳妇、吃腊八糕

腊八日，要去“叫”（接来）没过门的儿媳妇。接回家里，要包饺子、炒菜招待她，留在家里住个三两天，再送她走。临走的时候还要给她 200 块钱，要是条件好的家庭再给“割身衣裳”。这是以前的习惯，村里就兴接没过门的儿媳妇来过腊八日，实际上是给儿媳妇换一身“过年衣裳”。人们感叹说：“这可不是十块八块能办得到的，就是要彩礼啊。来了你得伺候她，来了给她东西，送走也得给东西。”不过“农村里没啥拿的，也就是拿些点心啊，生活用品啊”。不过，现在“搬媳妇”的很少了，村里年轻男女基本都在外工作，不是遇到年节假期，很难回村一趟。

腊八日，用黍子米加上枣做腊八糕。黍子米是村里专用来做年糕的小黄米，它蒸熟以后不仅发黏而且有甜味。端午包粽子、春节做年糕，都用到黍子米。吃又黏又甜的腊八糕，“表示全家人团结在一起的那么一个意思”。

(二)小年送灶君

腊月二十三叫“小年”，这一天要将家里打扫得干干净净，送灶君辞灶。平时灶君在灶头上待着，旁边有对联写着“上天言好事，下地保平安”，也有的写“一夜之间连双岁，五更以后分二年”，横批一般都是“一家之主”。土地老爷是一村之主，灶君整天围着锅台转，因此说他是一家之主。这天早早赶集“买回糖瓜，包上饺子，做上三碗菜，泡上茶，倒上酒，烧上一刀纸”，要让灶王爷吃饱喝足了，就图他老人家上天说好话不说孬话。还要烧上一盘香，后晌饭(晚饭)后送上天，祈祷说：“您老人家上天了，您说好话别说孬话。”照规矩，辞灶的时候孩子们应该都在家里，一家有一个孩子不在家就不能辞灶，不然会“不好”。但现在随着年轻人外出打工，有的在腊月二十三还没法回家，传统的禁忌也就顾不上了。辞灶的时候，在家的人都去磕头，最少也得 3 个，9 个就更好，越多越好，但是不能磕 6 个。腊月二十四，灶君老人家就回来了。等年三十的时候，重新将灶王爷像贴在灶头，这就叫“安家”，安了家才能贴对联。村里一户人家有一年因为忙，没顾得上请灶王爷，只贴了一幅对联“上天言好事，回宫降吉祥”，横联是“一家之主”。

灶王爷神像

灶王爷神像处贴对联

小年这天晚上吃饺子，或者炒上好几个菜，全家人扎成堆，一起喝酒。

(三)忙年

过了小年就忙起来了，栾兆堂和姜绍祯告诉访谈人员：

> 又是赶集啊，又是刷屋啊。家庭妇女洗衣裳、推磨、蒸馍馍，什么也得做。这里赶麻峪集，天天有，赶到腊月二十七。过了二十八就去和庄，二十九去普通村，以买肉为主，只要你有钱，什么也有。家里必须准备下芹菜、藕、山药、蒜苗啥的，过了年好招待亲戚。还得做下些现成的菜，炸点肉啊、藕合子啥的。这里现成的食品一半是炸菜一半是炒的菜。弄点丸子，煮点猪蹄子冻。煮肴肉的也有。①

家庭条件好的还炸"卷肘"，用鸡蛋摊成鸡蛋饼子，里面卷上肉馅，再放锅里油炸。用卷肘招待亲戚极为方便，愿意蒸就蒸一下，不愿意蒸直接放油锅里过一下油，切上三四个就是一小盘。家里炸菜的时候，最怕有外人进门。外人进门叫犯了"踩锅"的忌讳，破解的方法就是客人到灶下去加一把柴火，不然炸菜的时候非常耗油。忙年就是要多准备些菜。栾兆堂说，他家年三十后晌得炒好几个菜，整治得十分丰盛，女儿女婿和外孙都来家里过年。

煎饼生产自动化

忙年的时候，几乎家家"出豆腐"(做豆腐)，除非自己不会出，不过那也不是没办法，村里还有人做豆腐卖呢。家家"出豆腐"，为的并不是送人、走亲戚，大多留着自己吃。以前过年，人们都是自己生豆芽，主要是黑豆芽、绿豆芽和黄豆芽。豆芽那东

① 访谈对象：栾兆堂(男，58岁)、姜绍祯(男，60岁)；访谈时间：2006年12月4日；访谈人：刘晓。

西从开始生上就不能见油，一天得淘一次水，再盖住它，防止它变坏。现在生活水平都提高了，交通也方便了，想吃豆芽随时都可以买到。

传统的煎饼鏊子

有的家庭在腊月二十一、二十二就开始准备很多煎饼和馒头，一直能吃到出了正月。蒸馒头都是用小米引子。小米引子就是小米推成糊，放到炉子上让它发了。小米引子最有劲儿，蒸出来的馒头好吃、甘甜。十几年前几乎家家都要摊煎饼，现在自己动手制作的真是不大多了，村里有两户人家用机器摊煎饼卖，因为销量大，还专门请了人帮忙叠煎饼。要是愿意吃，买上点小米，掺进玉米里，自己动手摊，那味道真是“再香不过”。除了馒头和煎饼，也有蒸花馍馍的，不蒸多，就蒸一个，献给老祖作为供品使用。花馍馍大小要合适，“小了不正当，大了它就歪到一边去了”。至于到底多大多小，随各人的意思，反正不会拿来走亲戚用。村里还兴蒸糕团子，就是用米和面做的发糕。糕团子可以煎着吃，也可以馏着吃，据说油炸是最好吃的方法。

忙年不管从哪一天开始，不管你忙得有多早，最忙的那天仍然是年三十。农历月份有大月和小月之分，大月叫“大尽”，小月就叫“小尽”。腊月有30天的时候，就是“大”，这个年就是“大尽年”。腊月有29天的时候，就是“小”，腊月二十九实际也就是年三十了，这个年就叫“小尽年”。年三十格外忙，贴对子、扫屋……得忙到上午10点左右才能有空吃早饭，一般也就随便吃点馒头什么的。中午饭也是随便吃一口将就将就，有的主妇干脆就不吃了，“实在忙得顾不上”。

蒸馒头

磨煎饼糊子

(四)请家堂

年三十上午的主要任务是请家堂和贴对联。上午10点以后就去祖坟上请家神(去世的先人)回家过年。如果家里没有男人或者有什么不方便的,也可以只上坟不请家堂。但如果请了家堂就不用上坟了,可以过了年再上坟。总之上坟就不请家堂,请家堂就不上坟。上坟的时候男女都行,至少也得供养4盘菜,一般都是双数。对联一般贴红颜色的,要是家里有老人去世还没满三年,所有的屋就都改贴蓝色对联或者什么都不贴,以此来表示对父母的哀思和孝心。

家堂又叫“家先”“家仙”或“家神”,没有兄弟的就自己请,弟兄两三个的就“伙着请”。大伙到东庙后墙,烧上六七炉或七八炉香,也有的直接在家门口朝着家族墓地的方向,说“过年了,你们这些有年纪的都家来啊!”然后一起回家。这就等于是请来了家堂。进家先烧香,再在大门口放一根棍子,意思是拦住先人不让出去了,在家安心过年。

家里还得在堂屋北墙挂上“家堂轴子”。轴子下面是条几,其上摆放牌位。牌位是用可折叠的红纸做成的,上面用黑笔写上祖先的名字。从曾祖父开始,一个祖宗一个牌位,想请谁就放上谁的牌位,在上面写上他的名字。请家堂之前先要把“家堂轴子”挂上去,把牌位摆好。

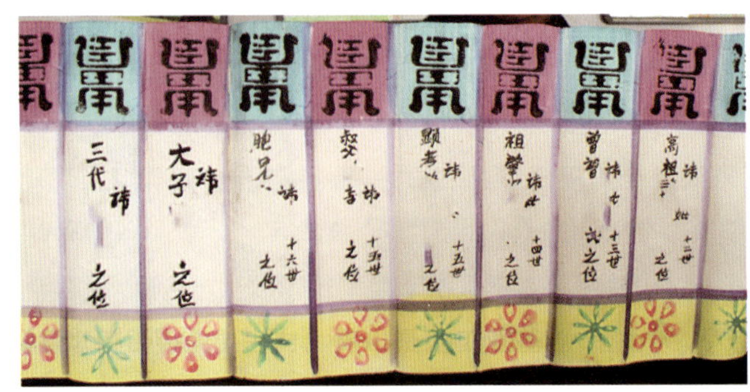

一村民家供奉家堂的牌位

“家堂轴子”有些是祖传的，据说是老人传下来的，算算也是好几辈子了。有些是自己绘制，也有些人从集市上购买。一般人家都是年集上购买，因此各家各户的家堂几乎完全相同，其所表现的内容具有模式化的特点。又因为家堂平日是要卷起来藏于家中，七月十五、春节之时方可挂于堂屋中堂位置，所以画像本身被称作“家堂轴子”。横顶村的“家堂轴子”，较为常见的形制是三进庭院，庭院楼阁两侧为方格网，每个方格内并不填写姓名。有的“家堂轴子”两侧还有对联，比如：“忠厚传家远，诗书处世长”，“先祖创业垂千古，忠厚家风有后人”，等等。

人们认为，一般老百姓家庭请家堂时，供 4 辈，即父亲、祖父、曾祖和高祖，财主和有功名的家庭供 7 辈，皇帝供 9 辈。请来家神是为了和他们一起团聚过年、拉家常，要摆上供品来供养他们。供品一般不能少于 10 个菜，10 个菜为整桌菜，6 个菜为半桌菜。家里有弟兄好几个的就一人整半桌菜。给男家神的供养，除了辣菜，其余都比较随意。而女家神忌荤腥，炒菜的油只能用豆油或者“白油”（花生油）。点心、水果、馒头、饺子、烟、酒、茶叶也都是供家神常用的供品。离牌位最近的那里先摆酒盅、茶碗、筷子，都要按照 10 套来准备。菜在前面挨着排，水果摆到桌子两边，点心掺和着放，放到水果边上。拜家堂一般四炉香，人们认为是“神三鬼四”，而且香不能灭，得一直点到初一下午 4 点以后把家堂送走。那时候所有的供品也就可以一起撤走了，谁家做的就让谁家端走。

请家堂的过程中没有什么禁忌，自家媳妇或未出嫁的女儿都可以摆放供品。但是已经嫁出去的女儿是绝对不能见到家堂的，所以送家堂的时间是正月初一下午。把家堂送走后，初二上午已出嫁的女儿就可以回娘家看望父母和哥嫂了。当地认为出嫁的闺女农历七月十五和春节在娘家过节是不吉利的，实质上是防止她们见到家堂。人们认为“她们已不是娘家的人，所以不能见娘家的家堂，不然要败家”。家中若有离婚的女儿，家堂挂起来的这段时间，她得在家里找个地方藏起来，一定不能看到家堂。

村民邴大爷的“家堂轴子”

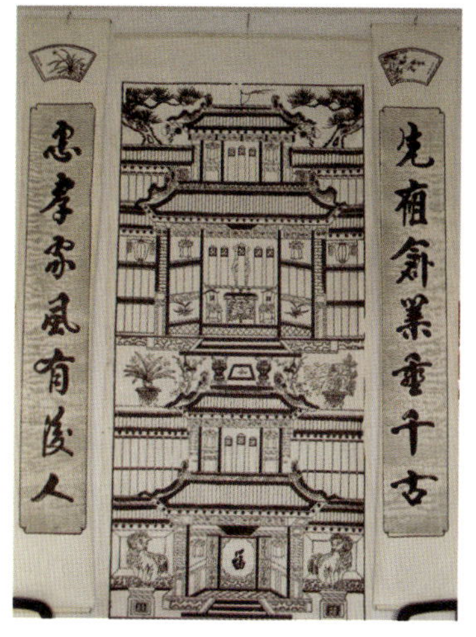

另一户村民家的“家堂轴子”

上左图是邴大爷的“家堂轴子”，上写“邴氏家堂”，是一个三进的古代家庭庭院图，分前院、中院和后院。邴大爷自己花了一天的时间，亲自绘了这幅“家堂轴子”。他认为挂“家堂轴子”的意思是把祖先请回来，在庭院里接受子孙的叩拜和祭祀。

上右图是住在村东北角的一户人家的“家堂轴子”，是从集市上买来的，两边的对联是“先祖创业垂千古，忠厚家风有后人”。主人对自己买的“家堂轴子”很满意，认为“家堂轴子”两边的对联也很关键，能表达或说明自己家的家风和优良传统。

（五）“包了饺子包粽子”

去林上请家堂的同时，主妇开始剁馅子，为包包子做准备。“包子”是人们对“饺子”的俗称。饺子馅荤素搭配，充分考虑到全家人的口味。谁家信佛祖，就只吃素馅，有的老年妇女每月初一、十五不吃肉，过年准备饺子馅儿的时候就必须有素馅。

到了年三十晚上，男人一般喜欢打扑克、喝酒，得玩到半夜以后。家庭妇女就看看挂在墙上的钟，估摸着差不多了开始包饺子。包饺子的时候，要在一只饺子里放上一个硬币，据说谁吃着了谁发财。一位村民说，有一年他孩子姥姥家包饺子，包上了一个五毛钱小硬币，一家人吃了两顿没吃着，后来他初二去头一口就咬着了。

村里年纪大的人习惯在腊月二十七八开始包粽子，包好了预备在正月里自家吃或当礼物送人。随着天气转冷，附近的集上就有人开始卖粽叶，简直供不应求。

包饺子

（六）天井里请上天爷爷

年三十这一天，请家堂是兄弟联合或各户单独行动，但天爷爷是每户都要请的，人们又叫“请玉皇大帝”或者“请老天”。供养天爷爷的地方不在堂屋，而是在天井（院子），要摆上六七个菜，鸡、鱼之类的都可以，此外还要再摆上几个花生和一些水果，当然烟酒茶水也是必需的。敬玉皇大帝是三炉香（又叫“一盘香”），六炉香也行，十炉香更好。据说三炉香是保家庭平安，六炉香是顺风香，十炉香是保全家福。过去，一般家庭烧三炉香，富人及有功

名的烧六炉香，帝王之家才烧十炉香。现在烧几炉香全凭自愿了。进了香就开始发钱粮(烧送火纸和元宝)。玉皇大帝有牌位，上面写着“玉皇大帝”，不过不写牌位的居多，人们认为写不写都不要紧，“他都知道”。到送玉皇大帝的时候，牌位也要一并烧了。对玉皇大帝的所求，无外乎“保一家平安啊”“保佑这些大人小孩都平平安安的”“别生病别长灾的”“玉皇大帝啊，您老人家站得高看得远啊，保平安啊”之类的。磕头时既可以全家一起磕头，也可以派一个代表磕头。

(七)除夕、拜年与送家堂

年三十晚上，一家男女老少都聚到一起，正儿八经地炒菜喝酒，这一天所有家庭成员一般都得在家。吃完晚饭大家伙儿就“熬五更”(守岁)，喝酒，看春晚，打扑克，下象棋……干啥的都有。到了夜里12点，开始放爆竹，一时全村爆竹“噼里啪啦”地响起，一盘(当地鞭炮的数量单位)接一盘，就好像一盘鞭炮不中断一直放一晚上似的。人们笃信爆竹声音越响，来年越能发财。放完了爆竹，有的人家讲究请财神，财神是哪一路来的，就去大门外头往哪个方向烧三炉香。还有的一大家子人一起去东、西两庙迎财神。请来财神之后，将香插在财神桌子(一般在里屋僻静地方摆放一张桌子安置财神)上的香炉里，摆三个菜，再敬三盅酒，磕头祈求财神老爷这一年里“不走神”。请财神以后，人们有的睡觉，有的干脆就不睡了，早早地吃完早饭，准备拜年。

正月初一早晨这顿饭，一定要全家一起吃饺子，无论素馅还是肉馅都可以。吃了饺子，大人孩子就去拜年。一个家族的人要在这一天到长子家拜年，给老祖宗磕头。小辈给老一辈拜年，同辈之间不互相拜。男人一伙，女人一伙；兄弟一伙，妯娌一伙……走在村里哪条道上，都能看到拜年的人。来拜年的时候，见了人家的家堂桌子，无论男女都得磕头。每户人家都要准备好瓜子、花生、水果、点心等招待来拜年的人。小孩来磕头，还要给压岁钱。磕头得在家里磕，在路上碰见长辈不能磕头。村里有几百口人，这样一上午的时间拜年就差不多完成了。

初一下午4点以后，太阳落山以前，要供养上几盘饺子，开始送家堂，让他们吃了饭好走。拿一个水舀子把菜都舀上一点，倒上茶和酒，一个人用舀

子端着菜和茶，一个人用簸箕端着纸和香，便一起出村。到了林地，找个干净地方，叠好一刀纸摆齐整，用石头压住。然后把菜和茶都倒在地上祭奠，接着烧纸、磕头、放爆竹，这就是送家堂了。请家堂、送家堂无论男女都可以，但女人必须是媳妇，不然没法上坟。

（八）初二、初三走亲戚

初二开始走亲戚。最重要的亲戚，初二走丈人家，去的时候要带着一刀肉、烟酒糖茶和点心，总之起码得是上好的四色礼。尤其是肉，就只一刀，不能少于 3 公斤。到了丈人家，先吃点心，一个人半碗，不多。横顶这里的点心就是水饺，家家准备的饺子馅儿都储备到能吃出了正月。然后主人下挂面，还要整治一点菜当浇头，再做 2 个荷包蛋。丈母娘疼女婿，有时候做 4 个荷包蛋。吃完挂面就是喝酒，这才是正儿八经地开席，最少都是 6 个菜。有时候菜式也要看人的多少，人多菜就多点，否则就少点。

初三的时候带着烟、酒和点心去看姥娘、舅舅和姑姑。亲戚热情招待，开席之前也是要吃点心，有时候不吃水饺，直接用挂面当点心，也有荷包蛋和浇头，同样也是点心吃完了再开席喝酒。初二、初三知己的亲戚基本就走完了，初四到初六就走稍微“远”点的亲戚和朋友。一般情况下，亲戚出了五服就不怎么走动了，只有那些关系处得好的亲戚才继续走动。

过年走亲戚，重要的是表达心意和情感，而不是看礼物轻重。“亲戚不泛财，泛财两不来。”如果在钱财问题上纠缠，即使血缘上很近的亲戚，关系也会恶化。所以走亲戚的时候，无论贫富都一样看待。也有的人会攀附那些富贵的亲戚，但是人们往往认为这种人品行不好，是小人作为。

（九）正月初五五忙日

初五这天叫“五忙日”。村里有俗话：“大年初一头一天，过了初二是初三，再过两天五忙日……”人们说“人活着就得敬天啊”，五忙日得煮了饺子供养天爷爷。给天爷爷发钱粮，必须要在高处，一般是在天井里摆上一张高桌子，没有高桌子，矮桌子也行，哪怕在磨上放个板都可以。五忙日还得上庙里送钱粮，给神仙烧纸。人们认为“男的为天，女的为地”，所以上庙的时候，要先祭东庙，再去西庙，因为东庙的主神是镇宫老爷，西庙的主神是泰山奶奶。

这天也要供养府神和灶君，但是他们是家里的神，不用请。灶君是在自家厨房里，烧上三支香，端上一盘饺子，摆上三个菜，再噼里啪啦来一盘鞭炮，就算表示了全家对灶君老爷的敬意了。老府神是在自家的粮仓里，不用接也不用送，但全家必须对他恭恭敬敬。一年就这一回，平时就不用管他了。财神是要请的，不过五忙日除了那些干大买卖的人家，一般家庭不供养财神，只是简单“烧烧纸就行”。

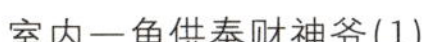

室内一角供奉财神爷(1)

室内一角供奉财神爷(2)

这天还要看天(观察天气)，如果是晴天，“既能收人(意思是家里添丁进口)也能收花生”，要是阴天，就只收花生不能收人了。

(十)正月初六祭车

自从村里整修道路以后，村里就增加了各式车辆，不管大街还是小巷，都能看到四轮货车、三轮车或者小摩托车在村里来来往往。车辆对人们的生计和交往太过重要，因此产生了祭车习俗。祭车一年进行两次：过了年从初六到十五期间一次，农历六月里一次。有的人家六月里不祭车，就在十月里祭，总之一年两次。初六祭车，一般就是上地里烧点纸，祈祷平安。还要在车前后视镜上拴“红子”(红布)，求一年的好时运。这时候该走的亲戚基本上都走完了，祭车结束以后，就势捎带着在地里干点儿农活。

(十一)正月初七看天气

初七是人日,那天要是阴天,这一年人就不兴旺;若是晴天,那就代表着一年兴旺。传说正月初一为鸡日,初二为狗日,初三为猪日,初四为羊日,初五为牛日,初六为马日,而初七呢,就是人的生日。

(十二)正月十三杨公忌

十三日是杨公忌,每个月都有一个十三日,这天不宜出行,要办事情也必须往后推迟两天。

(十三)正月十五要点灯

正月十五,村里的惯例是吃饺子,吃元宵还是近些年兴起来的。早前是因为购买不方便,后来交通条件改善,人们借助动力车去和庄镇或者博山都能买到。晚上就是看灯,割几个萝卜,挖开灌上豆油,中间放一根棉线点燃。一个桌子上放三个萝卜灯,天爷爷那里还要搁上两个,烧尽时的模样可以预兆庄稼的收成。烧到最后,像棒槌子一样,那当年就收玉米;燃成花生的样子,那花生就能丰收;要是烧成一个大疙瘩,就表示要收地瓜。

东庙正月十五燃烧过的萝卜灯

赵兰香说,她每年都要割6个萝卜灯,倒上足足的豆油,捻上棉花线。6个灯,灶君老爷那里一个,天井里给天爷爷一个,西庙两个,东庙两个。有的

人家都"烧得光腚子",啥也不剩。但她放的油多,6 个灯都能"烧上个小窝窝头"。她就根据这个"小窝窝头"来决定今年种花生还是种别的庄稼。每年都这样,从这个灯上能知道播种什么庄稼。

正月十五村里有扮玩,不过这也有好几年不办了。横顶村的扮玩和电视上演的相似,有"高腿"(高跷)、滚狮包(玩狮子),还有旱船、丑角。只要一扮玩,村里就热闹起来了。听那些年纪大的老人说,东、西两庙和石大夫庙,曾经有 13 个村一起扮玩,那可是热闹极了。"走到哪个门头上,哪个门头上就放礼花!"不扮玩的时候,各家里自个儿放礼花,烧纸放鞭炮,也是图个热闹。

正月十五过去了,这年才算是过完了。

二、正月十六赶庙会

正月十六是石大夫庙会,大家伙都去烧香。老一辈说,以前的时候这里来来往往的人很多,有卖吃的的,有卖玩的的,"怪热闹"。土改的时候,石大夫庙"都被掀了",因此庙会现在重新兴起不过才七八年。

三、二月初二炒蝎豆

二月二就是炒蝎豆子,爆棒槌子花(爆米花)哄小孩,还要给家里的各位神仙供养水饺,发钱粮,最后烧上一刀纸。

蝎豆子

早些时候村里还兴打囤。打囤便是用簸箕盛上一点灰，拿小石头敲打着往外散灰，一个小段一个小段地打成一个小圈子，中间搁上五谷杂粮。现在就连老人也不怎么这样做了。

四、寒食、清明一起过

寒食节是夏历冬至后的第105天，也是清明节前一两天，而清明节是冬至后的第108天，所以两者前后常常相差两三天甚至完全重合。2017年的寒食在清明的头天，横顶村将寒食和清明一块儿过。人们说“寒食就是清明，清明就是寒食”，不过上坟还是在寒食这一天。上坟就是给去世的先人供养一些水饺、菜，烧一些纸，给他们送钱，还要给坟添土，用铁锨将土往上锄一锄，一年里头只有这一个节能添土。据说每年都去给祖坟添土的子孙们能把日子过发(红火、兴旺)了。以前女人不能上坟，但是现在很多人家里的男人都去博山、莱芜打工了，指望不上怎么办呢？家里的媳妇们也就逐渐开始上坟、扫墓。

寒食和清明没有什么特殊饮食，就是吃水饺。当地人的习惯是只要过节就一定吃饺子。

2017年寒食举家上坟

2017年寒食女人上坟

上坟供品

上坟时培土

五、五月初五过端午

横顶村的端午节，几乎没有人自己包粽子，但一定会买粽子回家吃，人们都说五月端午吃了粽子冬天不冻脚。端午节也吃煮鸡蛋和饺子，那些“板正”（仔细、讲究）的人家还要在门框的两边插上一绺艾蒿和桃枝，以辟邪趋吉。盖房子上梁或者结婚娶媳妇，就专门用这五月端午的艾蒿。有的人把艾叶或者桃枝带到博山去卖，因为那里和横顶村有相同的端午习俗。

有的小孩好生病，或者家里姊妹多，就他自个儿是男孩，俗称“小娇孩”。五月端午这天，母亲就要用晒干的艾蒿给他做香荷包，熏得蚊虫不敢靠近。父亲则去砍了桃木来做桃木人，大概一拃长（中指和大拇指展开后所量的长度），希望孩子长命百岁。

五月端午，嫁出去的闺女还要“看娘家”，即带着各种吃食回娘家看望父母，但不能在五月初五那天，一般都在五月初二。

六、五月十三去求雨

五月十三是关老爷磨刀的日子，村里人要去南麻峪村的关老爷庙求雨。为什么五月十三向关老爷求雨呢？俗话说：“关老爷扛大刀，他磨刀就得使水，使水就得下雨。”所以在求雨的时候，要说：“今天是下雨的日子了，您老人家得磨刀使水啊，接就（沾光）您使水好下雨啊。”横顶村的人们靠种地吃饭，格外重视雨水，五月十三向关老爷求雨，人们说这就是老百姓说的那个“听天由命”，是没有办法的办法。

七、六月初六要敬神

六月六这天要祭天，给天爷爷上“新麦供”。那个时候，新麦子都收到瓮里来了。请天爷爷也不一定非得在六月初六，入伏就可以请了。敬天的时候，炒菜、包饺子都可以，愿意供养馒头就用新麦蒸了大馒头摆供，只是水饺和馒头所用的面一定得是新麦。那个时节家家户户光农活就忙得不可开交，所以对天爷爷只能先略表心意。

六月六，家里养了牛羊的要去祭拜牛王神。牛王神不是牛郎，而是与牛瘟疫有关的神，可以保佑牛不得瘟疫。“以前这里养牛，牛很容易得瘟疫，都死了。人们就在六月六这一天将牛羊赶到山上，老百姓自己也到山上住宿，这样就可以躲过牛瘟了，就形成了人畜六月六上山的习惯。”①

六月六祭车，有车的人家就得祭。祭车可以自己祭，也可以找个明白人来帮着祭。村里很多人家都靠着车跑来跑去做买卖，祭车可以“捎个平安”。祭车就在自己家里祭，选一个好日子，在屋里摆上桌子，请天老爷和东、西两庙的神灵以及车上的“老师”(神仙)，先烧香(要连着烧九炉香)，烧纸，叠书包(里面装着纸糊的衣服和几刀纸)，糊大元宝，这是给神仙们发喜礼，让他们“花起来得劲儿”(痛快)。此外，还得供养整鸡整鱼。

六月六，“搬媳妇”。这天要将没过门的儿媳妇从娘家接到婆家，初九再送回去，其实多待一天少待一天都可以。村民说，媳妇来了，“得给她买衣服，给她钱，要换夏季嘛”。

八、七月十五请家堂

中元节，在当地就叫“七月十五”，以日期做节名，直白里透着智慧，有的人也将七月十五叫作“鬼节”。七月十五，上坟和请家堂只能选一样。请家堂是从曾祖父开始请起，也就是“老爷爷、老奶奶”那一辈的。若是头年家里有老人去世，当天就不能请家堂只能上坟，因为这时候还“没有他的地方”，

① 访谈对象：温传友，男，67岁；访谈时间：2006年12月3号；访谈人：郭俊红。

得3年以后才能请。但现在有的人家不在乎，上完百日坟后遇到七月十五，也一样请家堂，将刚去世的老人请家里来。不过，也有人家因为其他原因不请家堂，那就去林上给老祖供养，但一般情况下还是将老祖请回来过节的人家居多。

和过年不一样的是，过年的时候是年三十请来那些老祖，初一下午再送走；而七月十五是当天早晨请，当天下午送，在家里也就待六七个小时。其余都和过年差不多，比如也要挂家堂轴子、摆牌位。这天供养的东西没有什么讲究，“鸡啊鱼啊都行，点心果模子（水果）都行”，看起来和过年时敬奉老祖没有什么差别，但供品要比过年丰盛，比如西瓜和葡萄那些时令水果，冬天村里是基本见不到的。将老祖请回家后，要燃香、烧纸，之后放爆竹，一时之间全村几乎家家户户都点起鞭炮，这种气氛把整个村落渲染得如同过年一样。

可以看出，七月十五在当地实际上是祭祖的日子，但没有人真的按照“神三鬼四”的说法给祖先烧四支香，否则就是对祖先的大不敬。按说上坟时，可以烧四支香，但有些村民仍然认为“把父母当鬼不像话”。因此，在墓地进行的祭祀也很少有烧四支香的。烧香是一件大事，请老祖之前就要将香点燃，不可中断，下午把香炉子里的香拔倒，拿上火纸，把老祖送走。该烧的香都烧完了以后，往地上浇一瓢水，这瓢水就等于一条河，送走的老祖想再回来也不成了。请老祖和送老祖的时候，全家人都要磕头，3个或6个都可以。

九、八月十五看老人

八月十五，横顶村“兴看老人”。闺女提前几天趁个双日子看娘家父母，要割肉，要带着鱼和挂面，还要有月饼，烟、酒、茶也可以作为礼物。

到了下午，全家人一起吃饺子、喝酒、吃月饼。照管几个庙宇的善男信女饭后还要到庙里去祭拜、圆月，给诸位神仙上香。

十、十月初一送寒衣

十月一上坟和寒食不一样，只拿酒菜，无需添土。祭品包括3碗饺子、2

刀纸、酒、茶水、点心和时令水果。上坟时全家都去。除非娘家没有儿子，否则已嫁出的女儿不能回娘家上坟。

十一、元旦新节包饺子

元旦本来不在村里的节日体系中，它属于“阳历年”，但村里现在越来越重视这个节日，主要还是与现代教育制度有关。比如学校里的小学生，老师在这一天会发一包“糖瓜子”，学校也放一天假，久而久之，节日气氛就有了，慢慢地人们也就开始把它当作节日来过。过节常常是吃饺子，所以元旦这一天也要包饺子，不过没有祭拜的习俗。

第七章 衣食住行

一、服饰习俗

(一)“姑做裤,姨做袄,妗子做鞋满街跑”

在横顶村,小孩刚出生的衣服一般都是由孩子的奶奶或姥娘做。若是在冬天,老人会为孩子用棉布做一身新的棉裤棉袄,用的是棉线;夏天就做一身单衣。

孩子过百岁(一百天)时,奶奶、姥娘、姑、姨也都会给小孩做衣服。关于小孩百岁的衣服,村里有“姑做裤,姨做袄,妗子做鞋满街跑”的说法。看起来,小孩百岁时穿的衣服一定不能离了这三位长辈的手。一位村民拿出自己家小孩百岁的衣服给我们看——一身红棉袄、红棉裤。这身衣服其实孩子也没穿,刚做好的时候孩子穿有点大,没想到放着放着,等再拿出来穿,孩子长得快,棉袄又小了,于是就被妈妈仔细珍藏了起来。

还不会走的小孩,有时家里给做虎头鞋。等快要学会走路时,穿着连脚的棉裤,外面套上鞋,大了就不穿虎头鞋了。小孩刚会走的时候,大人要到亲戚邻居家拿人家不穿了的小孩鞋来给自己的小孩穿一穿。具体的含义无人能说得清楚,“反正就是为了孩子好”。早些时候还有虎头帽,现在都是随

便买个帽子给孩子戴上，手巧的妇女自己也会动手给孩子织帽子。

一个孩子过百岁时的棉袄

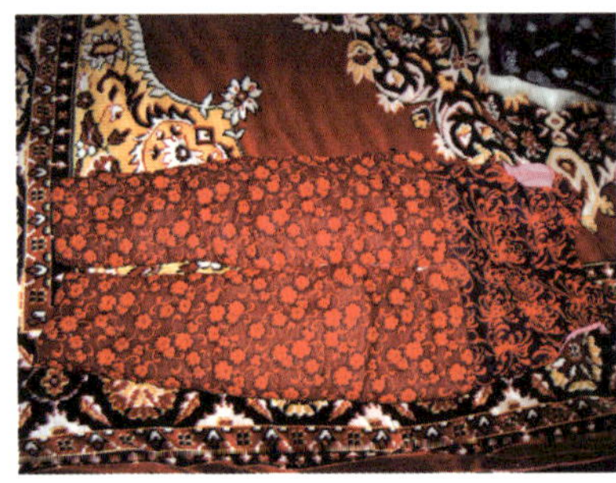

一个孩子过百岁时的棉裤

现在，小孩衣服除了冬天的棉裤棉袄在家里做，其他衣服都是从和庄、莱芜或者博山购买。春天买褂子，夏天买裙子、裤子，秋天买秋衣秋裤。小孩衣服的颜色以好看、鲜艳为第一。

一位妈妈在给儿子做棉袄

2017 年三月三和庄集上的衣服摊

(二)过门换新鞋

很多嫁到横顶村的媳妇在结婚当天都有过这样的经历，那就是“进婆家门前先换新鞋”。新媳妇从娘家来的时候，脚上穿的其实也是一双新鞋，但是到婆家后没进门就得再换一双新鞋。穿着来的那双鞋新娘以后就再也不穿它了，一般是送人，送给娘家人、婆家人或者朋友，而且送鞋的对象不分未婚还是已婚。换句话说，只要新娘不穿它了，送给谁都行。不管是从娘家穿来的，还是到婆家新换的鞋，都是新娘亲自购买的。据村民讲，新娘进门就换鞋的习俗，“老早就兴了”，至于为什么要这么做，却没有人能说出个道道来。

新娘穿的衣服，直到10年前还都是自己做，这是横顶的老传统。村中一位老太太回忆她结婚时的情景：

> 平时就是穿补丁摞补丁，40来斤粮食截一条裤。（结婚）那时候没做别的，就做了一个棉袄、一个棉裤，没倒替衣裳。都是老笨布絮上棉花，现在都没有那样的布了，都是青的、蓝的，鞋就是小的、黑的。那时候没放脚，比这个小。①

65岁的赵大娘说，她结婚前婆家给买了两身衣裳，两双米黄袜子。结婚的时候，头上扎两个长辫子，下头绑红头绳，穿了一身红，还有自家买的红鞋和红袜子。新郎穿的是买的棉袄，裤和鞋都是做的。②

一位接近40岁的女性村民结婚十四五年了，回忆起秋天结婚的情形：从头到脚，红褂子、红裤子、红袜子、红鞋子，全身都是红色。最近10年结婚的新媳妇才开始穿租来的婚纱，而且必须是红色婚纱，其实这样也还是比较稀罕的。新娘礼服的颜色以红色为主，鞋子的颜色也是红的，就算不是大红也得是枣红的才行。红色是婚礼上的主打色，穿婚纱的新娘拜天地的时候要换一身衣服，也得是红色。新郎的衣服，一般都是西装，集市上可以买到，裁缝店里也能做。

（三）里面鲜艳外面素

横顶村的人们在穿着搭配方面似乎不太在意。即使外套颜色很素，比如黑色，里面的秋衣也可能是极其鲜艳的颜色，譬如男士的秋衣很多都是红、绿、蓝等亮丽的色彩。

村内中青年的衣服有购买成衣的，也有自己或他人制作的。外套以购买居多，裤子一般都是买布料找裁缝做。赶一个大集，先去卖布的摊位那里量好布，裁出合适的大小，再送到做衣服的裁缝摊位去做，等到五天之后下一个集的时候取回即可。

冬天里，毛背心或棉坎肩一般都是自己做的，每个年龄段的人都爱穿，套在毛衣或褂子外面，很保暖。只是在颜色上，年龄小的穿得花哨些，年龄大的穿得素一些。

---

① 访谈对象：孙即兰，女，78岁；访谈时间：2006年12月4日；访谈人：张玉。

② 访谈对象：赵兰香，女，55岁；访谈时间：2006年12月5日；访谈人：张玉。

中年人的衣服样式不多。中年男士喜欢穿中山装，也有少数穿西服的。有的人在干农活时更喜欢穿迷彩服，耐脏、耐磨。男士们冬天都喜欢戴帽子，哪怕在屋子里也戴着，一般是灰、黑、蓝色的呢子帽、布帽，还有灰色线帽。裤子以黑色为主。鞋有皮鞋、布鞋，也有棉鞋。

中年妇女的衣服颜色比男士相对“花”一些。秋衣颜色多样，毛衣也有红、灰、蓝等多种颜色。这里的妇女一般都是自己织毛衣，不管大人的还是孩子的，几乎不去购买成品毛衣。

（四）布腰带与回笼帽

在横顶村的庄稼地里，时常可以看到老大爷或者老大娘在干活，这是因为年轻人大都外出打工了，地里的庄稼全靠老人拾掇。闲暇时，老人或独自坐在院子里晒太阳，或三五人坐在街口聊天，享受难得的休闲时光。

2017 年春天横顶村大街

2007 年春天南麻峪大街

冬天里，老人的棉袄棉裤能自己做的就自己做，自己不能做的大多数是闺女给做。闺女给老人做衣服不分过年过节的，平时空闲时想起来就可以做一身。有时候一年好几身，有时候直接赶集购买。本命年的时候，老人穿闺女给自己做或买的红鞋、红袄，不过一般是老年妇女才穿。

冬天的时候，老大爷的装束可以用“腰缠布腰带，脚蹬老头鞋”来概括。他们穿着厚厚的粗布棉袄、棉裤，棉袄不系扣，用布腰带在腰间缠一圈在前面系住。布腰带有黑色的，也有棕红色的。头上戴着线帽子或呢子帽，脚上是厚厚的棉鞋，俗称“老头鞋”，也有穿布鞋的。

老大娘的穿着打扮可以孙大娘为代表。孙大娘爱干净，又利索又整洁，她头戴回笼帽，脖子上围着棕色线围巾，身穿盘扣的蓝色棉布褂，外面套着线坎肩，下身穿着黑棉裤，小脚上穿着自己做的鞋。

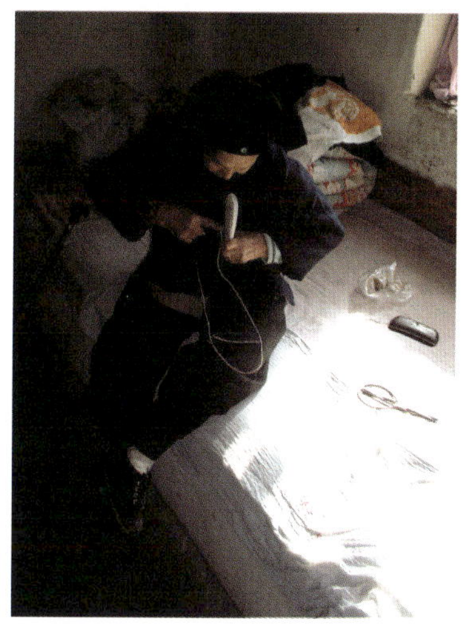

纳鞋垫的老太太

（五）寿衣及孝服

寿衣是用来装殓亡人的衣服。老人一般生前就准备好寿衣，寓意健康长寿。如果经济条件允许，老人就会自己赶集买布料，把寿衣提前做好。自己没能力做的，就等着孩子给做。但是多数家庭还是孩子主动给父母准备好寿衣，这代表着对父母的孝心。因为提前准备好“在那边穿的”衣服，老人会感到格外安心，同时也有祝愿父母健康长寿的寓意。极个别的，自己也没准备，孩子也没准备，一看老人快不行要咽气了，就赶紧置办了给穿上。

对寿衣的置办，一般都是闺女给娘家妈买一条裙子，儿媳妇做“三条领子”，也就是夹袄、小袄、大袄。随着经济条件的好转，儿媳妇给公婆做衣服都不少于四五条领子，也就是说给老人准备的寿衣种类和数量越来越多。老人的年纪越大，准备的寿衣就越多。上装有棉袄、夹袄、大袄、小袄、褂子、秋衣，下装男女有别，女性穿裙，男性穿长到脚腕的带襟的蓝色大棉袄。

孝服是子女或其他晚辈为父母尊长服丧时所穿的衣服。主家有了丧事时，帮忙的妇女们马上现扯（购买）白布、现做孝服。发丧时，儿子、儿媳（女儿）、侄子、外甥、女婿、孙子、孙女都穿白褂子，类似医院大夫穿的白大褂，不过是大襟而非对襟。儿媳和女儿的孝服到腰下，男子的大褂子到脚边。白大褂是老人走了立刻就穿上的，一直到守灵、出丧。裤子都是白裤，也是单独做的。孙子一辈和儿子一辈穿的没区别。为了表示对长辈的哀思，外面的衣服是白色的，里面的衣服也不能是鲜艳的颜色。

孝帽，是头上戴的三尺裹头布，都是截白布来做，两尺宽，一米半长，以前用白麻作为系带，现在都是用捆酒瓶子的白线。无论儿子、女儿还是孙

子，头上都要缠着三尺裹头布。女婿和外孙戴的是四方形的“孝帽”，用别针把白布撮起来就成形了，为了分出亲戚的远近才戴这种帽子。

鞋要穿白鞋，如果发丧之前来不及买，就在鞋面上缝上 3 厘米宽的白布遮住鞋头，等忙过了丧事，孝子女再买白鞋穿。白鞋在老人去世以后要天天穿，一直穿三年。但近些年为了生活方便，就改穿一年了。这并不是要求孝子女在一年当中天天穿那双白鞋，可以和别的鞋替换着穿，只要穿一年就行。

上三日坟的时候，孝服就不用再穿了，但是儿子、儿媳、女儿和孙子一年之内要穿素色衣服和白鞋，同时还要把衣服领子缝上一圈白布条，右臂戴上孝布。孝布是三角形的青色布，上面用白线缝出一个“孝”字。要是戴帽子的话，就要在帽沿前钉上一小绺白布条。这些都是在人际交往中传达给对方的信号，告诉对方自己家里最近刚有老人过世了。

姻亲家来吊唁的，是自己带着白大褂子来，到主家就立即穿上。其余吊唁的亲友，孝服不作严格要求，有的穿，有的不穿，或者说穿也可，不穿亦可。

和修坟习俗一样，穿孝服这种习俗也在 20 世纪六七十年代因为“破四旧，立四新”中断过几年，后来又逐渐有所恢复。

二、饮食习俗

(一)节日饮食

从正月到腊月，几乎每个月都有节日，又几乎每个节日都有其固定的节日食品。横顶村的村民也年复一年地跟随着季节变化，用自己的方式度过春夏秋冬的每个节日。

正月初一这天的中午、晚上都是吃水饺，不吃别的东西。初一这天不做菜，因为有“初一不拿刀、不磨刀”的说法。

正月十五，这里以吃水饺为主。也有人家吃元宵，但不算普遍，因为购买起来不是很方便。

二月二时炒蝎豆子，几乎各家都炒豆、炒花生、爆玉米花。那几天专门有人来村里爆玉米花，用手摇的那种小机器。

五月端午吃水饺，吃粽子，煮鸡蛋。

八月十五吃月饼，人们不会自制月饼，全是购买。

腊月二十三，灶王老爷上天。那天要赶集买糖瓜。糖瓜形似猕猴桃，用豇米和上点儿面，黏上芝麻，是像吹玻璃瓶一样吹起来的。买一个就供养灶王老爷，买两个就把天爷爷也供上，一般就只供养灶王老爷。最后，糖瓜自然就被分掉，给馋嘴的小孩儿吃了。

村里人过年蒸馒头的时候也蒸点糖夹（三角形的糖包），里面放红糖。糖夹平时蒸得挺少，主要是给小孩吃点儿。从小年开始，尤其是腊月二十八、二十九、三十，几乎家家都炸鱼、炸肉、炸藕盒、炸茄盒，还有炸辣椒的，还要做粽子、糕团子，为除夕夜和正月做准备。

三十晚上包水饺，有肉馅、素馅两种，肉馅里一般搀上白菜、萝卜、藕、芹菜等蔬菜。

所有节日食品中，被人们提及最多的是春节期间的饮食。

1.过春节，吃粽子

在我国的传统习俗中，粽子一向是与端午节分不开的。然而，在横顶村，过端午节的时候也就是买些现成的粽子回家吃而已，人们在端午节并不包粽子。据村民说，其原因有二：一是五月初五正是农忙时节，要割麦子，没时间包粽子；二是农历五月天气开始变得炎热，村民家里有的没有冰箱，包了粽子也放不住。因此，不知从何时起，这里的人们将包粽子的时间定到了腊月里。虽然现在很多人也会在端午节之外的时间买粽子吃，但并不会像横顶村的村民一样，把吃粽子视为春节习俗中的一项重要内容。

村里年纪大的人习惯在腊月二十七八开始包粽子，包好了预备在正月里自家吃或当礼物送人。2007年2月13日（农历腊月廿六），我们还在赵兰香家看到了正在水盆里泡着用来包粽子的芦苇叶，当天邴业永还送给我们自家包好的20个粽子。粽叶是到集上买的，随着天气转冷，附近的集上就有卖的了，一般八九元一公斤。

包的粽子都是甜的，里面放糖、枣、豇豆等。村里的孙大娘会做很多地方美食。提起包粽子，她说：

到年根里不忙了，年纪大的人就开始包粽子。包粽子用什么米都行。使（用）大米、黍子米、豇米，放枣。枣多了好熟，小枣就放多点，大

糖枣就少放。一个角上放一个枣,挡着米。东乡里也做粽子,他们搁豆子,不太香。现在年轻的就不包了,他们嫌麻烦。年纪大的包了,给这个点儿,给那个点儿。一般要包一二百个。走亲戚得包100多个。那年我包了150多个,俺儿子上莱芜走亲戚,给了他20多个。闺女来了,俺老汉(老伴)的姊妹们来了,都送几个。俺侄子来看俺,每家装上几个。俺自己留下的粽子寥寥。包粽子很费事。一个粽子二三两沉,比卖的那个大,能顶两三个馍馍钱。①

听起来,春节期间包粽子的目的最主要的好像是为了走亲戚、送亲戚,自己吃倒是其次了。“拎着20个粽子去莱芜走亲戚,比买一百多块钱的好酒还要有分量,要是再加上一袋子自己种、自己剥壳的花生,那就更不得了,情意很厚了。”②

2.糕团子与腊八糕

腊月里,除了包粽子送人外,人们还喜欢做两样好吃的东西:一是糕团子,二是腊八糕。

早先,一进腊月,村里的人就开始准备做春节吃的糕点了。其中,糕团子是比较普遍的一种食物,它和粽子一样,常常被横顶村的村民用作走亲戚时送人的礼物。“糕团子”这三个字,是访谈人员根据其音其意猜想出来的。访谈时,老人们不识字,年轻的也说不上来,因此,就只能知其音,不知其字了。糕团子到底是什么呢?其实就是用黏米做的一种类似年糕的小糕点。据村民讲,糕团子可以蒸着吃,也可以煎着吃。有的村民告诉我们炸着吃更好吃。其主料是黏米,也称“秫秫”。具体做法是先把黏米推成面,做成窝头的样子,里面放上枣和豇豆,然后下锅蒸。

腊八节这天,人们更喜欢把粥做得稠一些,并称其为“腊八糕”。据孙大娘讲:“原来做腊八糕,切上点老南瓜,做得焦黄焦黄的。南瓜这个时候很老了,打了皮,抠了瓤,洗洗煮上就是啊。再放上黍米、大红枣、趴豆(豇豆)。放上水,不多不少。有地瓜就放上个地瓜。做好了,那饭又黄又红,挺俊啊。要是放上地瓜了,就不用搁糖了。做出来就跟饭做稠了似的,和杠(非常)稠

① 访谈对象:孙玉英,女,63岁;访谈时间:2006年12月5日;访谈人:张玉。

② 访谈对象:栾兆堂,男,69岁;访谈时间:2017年4月29日;访谈人:刁统菊、王宇栋。

的粥似的，舀起来黏匀。现在俺也不做了，嫌麻烦，两三年不做了。”①

随着时代的发展及物质生活水平的提高，生活变得越来越便利，村民们也渐渐习惯享受这种便利了。最近几年，村里做腊八糕的人家越来越少，年纪长的因为忙，又要包粽子，又要蒸糕团子，没精力做腊八糕，年轻的又不会做。所以腊八这天多数人家选择以吃水饺的方式来过腊八节。主妇到集上割块肉，包上水饺，炒上几个菜，就算是过节了。有的人在单位上班，单位上发了八宝粥，回家煮一下，也权当腊八粥了。

（二）日常食俗

1. 腌咸菜，灌香肠，打酥锅……

冬天虽然是农闲季节，但横顶村的妇女们却一点也闲不着。她们变着法儿地把平日里一日三餐的粗茶淡饭做出不同的味道来。腌咸菜、灌香肠、打酥锅、摊煎饼、出豆腐，就是几种常用的方法。

2017 年春天腌萝卜干

一到冬天，横顶村的很多人家都会拿出大缸腌咸菜。腌咸菜主要是腌大头菜、红萝卜、白萝卜、辣椒、黄瓜。辣椒、黄瓜一般是秋天腌，要趁快下霜

① 访谈对象：孙玉英，女，63 岁；访谈时间：2006 年 12 月 5 日；访谈人：张玉。

的时候,那时候凉快,腌上坏不了。萝卜、大头菜也是秋天"刚下来"(刚收下来)的时候腌,大头菜一般是腌过一年才好吃,别的菜只要腌咸了就能吃,比如辣椒、黄瓜之类的菜,随腌随吃。腌咸菜最关键的一步就是发酵黑豆。发酵的方法是:将黑豆洗好,煮熟,再把水控干,放到缸里,然后在缸上盖上盖子,封上黑豆,在缸里"捂捂"。等豆子上长了白毛,再将其放到盖垫上拿出去晒晒,晒好了,"把那白毛搓悠搓悠、拔拔,再放到水里洗洗"。这样,豆子就发酵好了。最后,切上萝卜、黄瓜之类的,放缸里腌。现在腌咸菜的人比以前少了,因为以前人们主要指望吃咸菜,现在地里的菜都吃不完,咸菜就是调调口味,对年轻人来说反而格外新鲜。

冬天这里还有做香肠的。集上的肉铺代为加工香肠,将肉切成块,再用绞肉机绞成肉泥,配料也是肉铺提供。村民按斤买回来,晾一晾,晾好了自家蒸着吃就行。

有的人家会做酥锅,为了存放方便,一般都在冬季制作。一个酥锅做好了需要花费好几百块钱,因为材料太贵了。首先用大号的钢精锅,将海带洗干净铺在锅底,再放上鱼、鸡、猪蹄子,最后放上白菜和炸豆腐,做好了就存放起来。等到过年,家里来了亲戚,盛上一盘就能吃,很方便。有的人家自己做,也有的人家嫌麻烦,需要招待亲戚就到村里小铺子买,一包 4 元多,里头有鸡有鱼,还有海带和白菜。

在横顶村,以前还家家摊煎饼,村民认为城里机器摊的煎饼不好吃,自家做煎饼,烧的是柴火,小米面是用磨碾的,比买的好吃多了。摊煎饼都是用小米引子,将玉米面或小米面推成糊,放到炉子上让它发酵。摊煎饼以摊得薄为上。栾大爷说:"小米引子最有劲,蒸出来最好吃,甘甜,吃着不酸,甜津津的。咱这个就是使白棒槌子摊的。就去买上点小米,掺进去,用抢耙子摊那塌煎饼,你大娘摊的那抢耙子煎饼 12 个 1 斤,薄得照出人来。"①言语中流露出对老伴手艺的赞赏。不过,现在村里大部分青壮年都外出打工,根本没时间自己摊,想吃了就去买现成的,只有老年人吃不惯机器做的那个味儿,仍然自己用磨推面糊、用鏊子摊煎饼。

村里也有自己出豆腐(做豆腐)的。有的人家冬天做,送人或存放自用

① 访谈对象:栾兆堂,男,69 岁;访谈时间:2017 年 4 月 29 日;访谈人:刁统菊、王宇栋。

都比较方便。也有的人家根据家里的人口和条件，夏天也有可能做，人多了就“出一包袱”。现在村里的孔祥军做豆腐卖，每天早晨5点多就能做出来了。

2.一天三顿饭

横顶村一日三餐的时间是比较固定的。冬天早饭一般7点钟吃。夏天一般7点钟吃早饭，中午饭12点多或1点多吃，晚饭要八九点吃。农忙的时候也吃三顿饭，午饭带着到坡上吃，灌上一暖瓶水，再带着馒头、咸菜或别的菜。

村民们吃的主食是馒头、煎饼，一般都是自己做，忙的时候也买着吃，村里的铺子就有卖的。馒头不像煎饼夏天也能存放较长时间，只在冬天“搁得住”、不怕坏，所以冬天以吃馒头为主。吃饭一般是吃馒头就着菜，喝稀饭或水、茶，一边吃一边喝。稀饭种类以大米和玉米面为多，也有熬制小米的。小米、玉米都是自己家种的，大米要从外面购买。水果蔬菜大部分都是自己种，没种的就在附近集上买。种的菜有白菜、萝卜、西红柿、黄瓜、芸豆、豆角、姑扎头(面条菜)等，水果有苹果、桃、李子、梨。水果收获以后，自己不做任何加工，留下自己吃的，其余的在村里的桃市上卖掉。

饮料方面，老人们以喝茶为主，早晨起来就冲茶喝，以一种名为“老干烘”的莱芜地方茶为主，而年轻人更愿意喝白开水或其他饮料。家里来客人，也会泡茶招待，极少用白开水待客。好茶叶需要到和庄镇买，一般的就在本村小店或南麻峪集上买。喝茶就是用一般的瓷茶壶或玻璃壶，没什么特别的讲究。

在家里，做饭的主力是妇女。三口之家就是妈妈做饭，和老人一起住的，有儿媳做全家饭的，也有分开做的。在横顶村，有很多家庭老人和儿子已经分家，但实际上还住在一个院子里，共同使用一个厨房。这种情况下做饭是属于半分半合的状态，不忙的时候分开做，婆婆做老两口的饭菜，儿媳做丈夫和孩子的饭菜，忙起来孩子们就都去老人那里吃饭。

这样共享厨房的两代人，夏天和冬天又不一样。夏天做饭，不管什么饭菜，都在厨房里做。两伙人的馒头是一块儿馏的，买菜和炒菜就是两个妇女各人管各人。事实上，两代人也很难吃在一块儿，口味不一样，年轻的喜欢吃脆生的，有年纪的愿意吃烂乎、软乎的。有的老人喜好炒白菜，

以自家种出来的菜为食材，但儿媳更偏爱赶集买菜。婆媳两个谁来早了谁就在厨房先做，常常是先给孩子们烧好水，馏好馒头，再熬好一大锅稀饭，这样儿媳自己炒个菜就行了。油、盐、酱、醋等调味品以及筷子、勺子等餐具都是共享的，这些从村里的商店就可以买到，不过大的锅、碗、瓢、盆要到和庄镇买。

2017年春天一户人家招待访谈人员

冬天做饭一般是用屋里的火炕，既可以做饭，又可以烧炕，这也显示出人们的环保理念。屋子外烧炕的灶上也可以烧水、蒸馒头，讲究清洁的主妇只在屋子里烧水、闷米饭或蒸馒头，炒菜则到厨房里。冬天室内用铁皮炉来取暖，同时也可以烧水、蒸馒头、烤地瓜。

据说村里十家里面能有八家有电锅、电壶，电锅主要是炒菜用，电壶完全是用来烧水。液化气和电都是常用的，但是有的村民尽量不用电，一是电费较贵，5角多一度，一个月就是十五六块钱。二是觉得用电炒出来的菜不香，电壶烧开的水不好喝。因此，老人做饭、烧水的燃料首选是柴火，棒子秸、棒子芯、锯末、树枝、树叶等既不花钱又方便取得的。村北的山上就有槐树林和松树林，村民拾柴火比较方便，冬天没事便去捡拾，各种树枝攒吧攒吧够烧一年的。孔祥军家做豆腐就是用玉米秸，赵兰香家摊煎饼用的是松针枝子。因此，拾柴火也是村民冬天的重要工作之一。除了这些，燃料还有

块煤、粉煤、碳等，不过都是要花钱买的。块煤可以直接烧，粉煤买回来，还得自家用黄泥和一和。整个冬天一家要烧1000斤左右的煤。

2006年冬天一位老人运秫秸

3. 姑扎头，地里种

姑扎头是一种野菜，长在麦子地里，叶子像柳叶，跟菠菜差不多，高出地皮半拃高。姑扎头在横顶村又叫“王母柳”，淄博那边摊位上也写着“姑扎头”，莱芜那里叫“面条菜”。其他地方的人都把姑扎头视为一种野菜，不常吃。然而，横顶村及其附近的南麻峪、北麻峪三个村的人都很喜欢吃，不但把它作为日常吃的蔬菜，而且还特意在地里大片大片地种植，等收了拿出去卖。据村民说，除了淄博那块有种姑扎头的，附近就只有这三个庄种。姑扎头的种子像菠菜种一样，一年种好几茬。春天、秋天都能种，种下一个多月就能收。姑扎头价格随季节变化，夏天六七月种不出来的时候，最贵能卖到七八块甚至十几元一斤。冬天便宜，三四角一斤，最贱的时候就一两角。

一户人家用蔬菜大棚种了一亩多地的姑扎头，一年能收三茬甚至四茬，仅春天就能种两茬。几茬下来，一亩地的姑扎头，多的时候能收七八百斤。除了自己吃的极少一部分，其余全部用来销售。当天收了之后，摘掉黄叶，放袋子里，自己坐车运到淄博去卖，当天晚上或第二天就能到饭店的餐桌上。不管饭店里如何使用姑扎头做菜，村里的吃法确实是多种多样。有主妇告诉我们：

> 调着吃也行，炒着吃也行。……（有的）把菜洗了之后，在上面拌些干面粉，就和蒸馒头似的，蒸上就行。熟后再添上蒜泥沾着吃。有的包水饺、烙火烧吃。俺家里都是放上面糊炸着吃，有时弄上豆腐吃。①

（三）礼仪食俗

1. 婚礼

结婚一定要大摆筵席，摆多少桌要看亲戚朋友来了多少。村里有的家庭摆上 10 来桌，也有四五桌的。媒人和娘家人总共要 2 桌，其他的就是一般亲戚。上的菜一般是“四四席”，正常是“四糖、四炸、四炒、四汤”，每四个后面再加一个大件，如果经济条件允许也可四个四个地加，实际上最少是 20 个菜，最大规模能到 32 个菜。照例是先上面条做点心用，喝了面条之后，再上汤，接着再上主菜，最后吃馒头，宴席就算结束了。面条是一定要有的，无论是小孩百岁，还是娶媳妇，正儿八经的席面都是先上面条。

坐席就是年纪大点的人或者身份尊贵的人坐上席。结婚喜宴上，新媳妇的娘家人是客，自然要坐上席。如果新媳妇娘家离婆家比较近的话，娘家爹妈都来坐席。听说莱芜那边吃席还要分主陪、副陪，但横顶村对这个不太讲究。不管几个人，年长者坐上席。

40 年前栾大爷结婚时，摆了两桌席：一个男席，一个女席。10 年前村里姓田的一户人家举办婚礼时，共买了 15 斤喜糖、5 箱酒，在家里摆了 11 桌。有时候中午招待了亲友，还要看看有没有亲友晚上过来的，如果有那就晚上继续办席。

---

① 访谈对象：董秀云（女，32 岁）；访谈时间：2006 年 12 月 3 日；访谈人：张玉。

2. 丧礼

丧葬也坐席，和婚宴一样，多少席要看来吊唁的亲友数量，多的有近 20 席的，少的也要七八席。人去世了亲友总要都来吊唁，所以一般丧葬坐席都比婚宴人多。请了吹手，那意味着席面规模大，要做 10 个菜左右。不请吹手那就简单了，用白菜、粉皮、炸豆腐或白豆腐炖上一个大锅菜。十几年前，都是家庭条件好的请吹手，也有人说是家里有孝心的才请吹手。老人去世第二天一早，7 个吹手就会来到主家，有大锣、鼓、光光叉、唢呐，一个人一天 50 元左右。吹手一般是不会跟到"林上"(墓地)的，要是跟去的话，还得再加 20 元。吹手来了管饭，吃酒席。先让他们喝点挂面，中午饭一般要 12 点或 1 点才能吃，这顿饭比较讲究，不仅要做上 10 个菜，还要给他们上酒。菜有芹菜、黄瓜、藕、地蛋条(土豆丝)、豆腐、鸡蛋、姑扎头、炸肉之类的，只要凑够 10 个菜就行了。

3. 生日寿诞

婴儿送粥米、百岁、满月，奶奶家必须得请客，要炒菜、喝酒，喝酒表明这顿宴席比较隆重、规模大，满月那天甚至还要上供。有的人家里富裕、人实在，吃得就好点。不富裕得吃得就差点，但礼数都是全的。

小孩和老人过生日，青壮年一般不过生日。生日早晨，寿星起来喝长寿面，要是招待亲戚摆席，就是"炖个排骨，炖鸡，炒个菜，做个鱼"。一般是 10 个菜或 12 个菜，凑个吉利数，人少了就炒 6 个菜。

4. 供养

供养神灵和祖先的时候，食物是不可或缺的。在村民的心目中，人吃什么，神也吃什么。不过神灵也有个性，比如给男神灵供养什么也行，就是不能用辣的。女神灵忌荤腥，鱼就不能作为供品，而且做菜还得用豆油、白油(即花生油)。

供养玉皇大帝用鸡、鱼等，需要 6 个菜，另外要放上几个花生，买上几个橘子或苹果摆到盘里。供财神是在单独的一张小桌子上，得 10 个菜，10 盅子酒，10 碗茶。供灶王爷一般是水饺、糖瓜，还得泡上茶，倒上酒，再烧上一刀纸，得"让他吃饱喝足了，好上天说好话不说孬话"。

给祖先供养，食品多少要看人有多少。兄弟一人的，办 10 个菜，兄弟好几个的就每人 6 个菜，加起来不能少于 10 个菜。6 个菜为半桌菜，10 个菜为

整桌菜。馒头、包子、烟酒茶都要供。供养的时候第一排摆菜，然后是点心，外面摆酒盅、茶碗子。筷子放到后头，水果都摆到桌子两边。

每逢庙会，大家也都会自己上供，点心、水果、烟酒都可以。赵兰香看庙，她会自己动手做一些供养用的食品献给神灵，如炸姑扎头、馍馍片等。

5.馈赠

横顶村的村民，除了春节期间走亲戚，喜欢送粽子、糕团子之外，平时走亲戚也都会带些食品，如酒、点心、牛奶、方便面之类的。八月十五、五月端午、春节以及过生日的时候，人们都会给上年纪的送点东西，仍是以吃食为主。八月十五送月饼或者送肉都是送 6 斤，取“六六大顺”的说法。有时去“东乡”走亲戚也送皮果，即花生，因为东边地里不长花生。女婿走丈人家时，多数是带烟酒、糖、茶叶等。有些讲究的女婿，还会带好酒好烟，割上肉，拿上点心，凑齐“四色礼”。

(四)井水和自来水

现在，横顶村的村民用水有两个水源：一是井水，二是从山上引泉水入户成为自来水。

用自来水以前，村民都是吃井水。村里有三口井，村东头一口，西头两口。以前全村都去这三口井里打水，人们用挑子担水回家。现在井依然在，不过家里都有自来水了，就不怎么去打水了。

1991 年开始，村民陆续用水管引了山上的泉水到家里，开始用上了“自来水”。自来水不是村委集体安装的，而是各家自己花钱安的。相邻的五六家一起出钱、干活。出钱时各家均摊，干活可以一家干，也可以几家人一块干，或者各家分成段各干各的。几家合伙到山上，看哪个泉出的水好，“弄个池，挖水沟，铺上草，把管子埋到地下，引下来”。铺到家门口之后再通上三通管，各家在家里垒上池子，安上个水龙头就完成了。山上不只一个泉，有的从这个山沟里引水，有的从那个山沟里引水，有的从北坡那里引水，有的从南山或泉子崖引水，不在一个地方引水可以保证大家都能有泉水喝。2009 年，村里又扩大了山上的池子，疏通了管道。现在村里 80%的家庭都有自来水了，离井近的也很少去打水。一则打水是体力活，比较麻烦；二则由于大家都用自来水，不怎么去打水了，导致井水不太新鲜，不如泉水好喝。

2017年5月18日9户人家合作修水管期间短暂休息

不管有没有自来水，很多人家都在自家院里打了小井，这样不出门就可以吃到井水。冬天天寒地冻，因为水管埋得浅，容易冻裂，所以就用井水。夏天干旱，有时候自来水没水了，也要用井水。井水水质也不一样，有的人家的井水好喝，有的就不好喝。

现在村民家家户户喝的都是山上的泉水，其实与退耕还林有一定的关系。1988年开始实施退耕还林，林地由原先的300多亩增加到现在的600多亩。现在看来，退耕还林的思路是完全正确的。横顶处于丘陵地带，山上土石混合，容易发生泥石流等地质灾害。退耕还林既可以涵养水源、防风固土，又可以增加农民收入，深受群众欢迎和拥护。所以，尽管横顶地势很高，但由于退耕还林实施得较早，有力地涵养了水源，再加上当地水源丰富，人们自然能以山泉水为日常饮用水。

三、居住习俗

（一）老房子、新房子

横顶村是一个背山面河、布局合理、风景优美的村落。一条东西向的大街把村子分成了南、北两部分。大街北面部分靠山，地势由大街逐渐上升，直到坡顶，平行排列着三四排院子。这部分既有新式的院子，也有老式院

子。村西头的房子虽然不多,但几乎都是近 20 年内盖的前出厦的新式房子。院子方方正正,屋顶很高,一溜顺着排在山坡上。大街南面部分地势比大街略低一些,以老房子为主,村内的东西两座庙也都在临街的南侧。

从年代来讲,村里的老房子已经不多了,在街南东庙附近还有一两处青瓦老房,具体修建年代不详,其他的房子大多都是 1949 年以后建盖的。村里的房子大体可分为两种类型:一是地基与地面基本持平、以草覆顶的海青房;二是地基高出地面一两米的前出厦的新式房子。村委划分房基地时,都是每家给 15 米×15 米的正方形土地。因此,横顶村的院子大多数是四四方方的。只有少数比较老的宅子或者自己出钱买的宅基地不是这样的。村里的房子大多数都是一层的,盖两层楼的目前大概有 5 户,有的是出于节约空间的考虑,也有的是经济条件好愿意盖两层楼。

在横顶村,几乎所有人家的堂屋都是坐北朝南,院子大门也多数朝南开。而且,就调查者所见,堂屋没有开北窗户的。这样的房屋设置,可能基于两方面的原因:一方面,整个村子在山的南坡,地势上有落差,屋子朝南便于采光;另一方面,北面有山,不开窗户可以抵挡山风。

堂屋一般分东间、明间和西间。东间为上首,明间的功能是起居室或客厅。原来堂屋都是老年人住,现在屋子多、人少,规矩就不怎么严格了。除堂屋以外,院子里有些人家还要加盖南屋、东屋、西屋,一般是当厨房、猪圈或者厕所使用。

人们喜欢把成串的玉米挂在院子里,或搭在院墙上,又或者垛在屋顶上。柴火捆扎整齐,一排一排地竖在院墙内外,还有的人家直接把柴火竖起来充当院墙。村民喜欢在门口和院子里养花种树,一般种月季花、梨树、石榴等,一到开花的季节,整个村子便被装点得异常美丽。

玉米搭在院墙上

孔祥军家门口种着菜

（二）高台上的前出厦大瓦房

近些年来，村里新盖了不少建在高台上的前出厦瓦房。粗略统计，这样的房子在村内有50%左右，大约是从1985年开始盖的，1990年以后逐渐增多。主屋建在高台之上，有3个台阶的，有5个台阶的，有7个台阶的，最高的是9个台阶。台阶数以5台、7台居多，数目均为单数，没有双数。前边出来的这块叫“前出厦”，一般不住人，用于临时存放“家什”（生产生活用具），下雨时也具备防潲雨的功能。讲究一点的，院子内的地面也铺成了水泥地。这种前出厦的房子在村西头最多，整个山坡上零散地排列着五六家这样的大院子。其中，位于山坡高处的一户人家的院子是最为典型的前出厦的房子，方方正正，有大门有院墙，有厨房有猪圈，有灶坑有石磨，可以作为新式住宅的样板。2006年12月，我们对这个院落的布局及屋内布局作了较为详细的记录。

主人82岁，有四女一子。老两口和儿子、儿媳一起住。他们原来住在临街的老宅子里，1993年村里在山上给他们批了一块地，便花了2万块钱给儿子盖了新房。

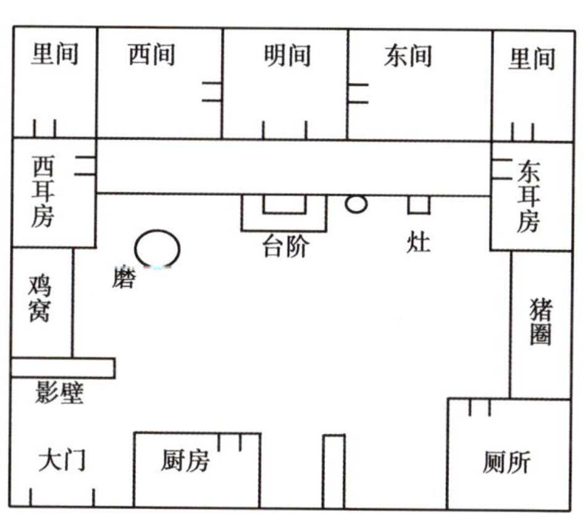

2006年一户人家的院落布局示意图（制图人：张玉）

右图为这户人家的院落布局图：

整个院子是边长15米的正方形，天井地面已硬化。房屋建在高台之上，5级台阶。堂屋3间，另有东、西耳房，耳房北侧角上各有一个里间。因此高台上共有7间房。明间为客厅，有八仙桌、椅子和圆桌等家具，是吃饭及会客的场所。东间为儿子、儿媳的房间，南窗下有木床，靠东墙是写字台、电视机，靠北墙是吃饭用的小桌，角上有衣柜。西间是主人的房间，南窗下是木床，放有杂物，靠北墙是火炕，烧炕的灶在西北角的里间，中间靠墙有八仙桌。东耳房以及里间为存放粮食及杂物的仓库。西耳房靠西墙的位置有火炕及烧炕的灶。

院子大门开在西南角，朝南，用彩色沙石装饰，进门为影壁墙，上贴瓷砖，图案是村里影壁上常见的山水画。院墙都是砖垒的，并糊了一层粗水泥，看起来非常齐整。墙角竖着摆放常用的农具，也堆着一些杂物。影壁后是鸡窝，鸡窝搭在影壁及西耳房中间。进入大门东侧是厨房，里面东、西各有一个灶台。厨房东侧为一小块空地，有晾粮食的架子、晾衣服的绳子，还有小推车、缸、篮子等杂物。院子东南角是厕所和猪圈，厕所与东墙的猪圈相通，猪圈与东耳房的台基相连。天井西侧靠台阶处是石磨，靠着台基码放着一溜大白菜。台阶东侧有自来水管，台基里有灶坑，坑内有壶、灶以及用来烧火的干玉米芯儿。院内没有树，院外堆有些许柴草。

村子中部临街的两户人家住的也是高台前出厦的房子，与上面所述的院子有相似之处。不过，他们两家的院子没有砖垒的院墙，天井也还是土地面。

其中一家的院子呈四方形，北面是一排建在高台之上的堂屋，是 1993 年建的。天井是土地面，没有院墙和院门，一条土路直接通到院子里，院子里栽种着一棵梨树和一棵石榴树。东、西两侧各有小屋，南屋在下面，地面明显低于天井，背对着街道，为 3 间草屋顶的石基土坯房。

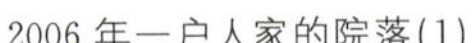

2006 年一户人家的院落(1)

2006 年一户人家的院落(2)

一家三口现在主要居住在高台上的西耳房及里间。耳房内贴着西墙有两个炕。北侧里间有灶，冬天在此做饭。堂屋 3 间(明间和西间没有隔断，实为一间)，里面家具不多，有木板床、八仙桌、沙发等。夏天在东北屋里住，因为那边凉快。东屋单独隔开，是给儿子留的婚房，目前放些杂物。儿子结婚时要在这里办喜事，如果从外地回来还可以在这里短暂居住。

另一户人家的房子就在隔壁，院子布局差不多。北屋在高台上，是1991年建的，7级台阶，一溜坐北朝南的堂屋3间（西间与明间相通，实为一间），三口主要在东屋活动，没有耳房。东屋内靠南窗有木床，木床下铺有席子，可供人夜间休息，因为有地炕。明间与西间由大衣柜隔开，里面是低柜、圆桌等家具。

院子台阶两边各有一洞，东为灶坑，西为杂物坑兼狗窝，灶坑前有石磨、自来水管。院东侧是两间旧的土坯房，放杂物兼停放自家的摩托车和手推车。院西侧是井、水缸、挂玉米棒子的木架子。南侧是两间草屋顶、石基土坯房，院门是木栅栏门。东屋原来用以养猪，现在不养了，改为存放杂物和柴火。

（三）海青房

海青房是指屋顶用草铺的房子，不建在高台之上。在横顶村，这种房子目前还是为数不少的，多是30多年前修建的，村北及村南都有分布。据村民讲，原来屋顶是沿着瓦坯铺草，有了机械化施工后又铺上麦秸，现在弄上石棉瓦了，这种屋顶仍是海青样式。从1990年起，新盖的屋就都是瓦房了。

海青房屋顶

一户人家屋檐下挂着各式生活用具

村子中部有一户人家住的就是典型的海青房。最早他们家在街上有3间老房子。长子娶媳妇时把老宅子翻盖成瓦屋，没有台阶，1984年才盖上了现在居住的这个院落。院子堂屋是一排四间，儿子一家住在东边两间，西间作储藏室使用。老两口住在院子的东屋，是次子娶媳妇时盖的，为单间瓦屋。东、西各有门，东门临街（南北方向的土路），东门口有一间小屋，放杂物。西门开在院内。院子西墙是猪圈，放柴火这一栏是小猪圈，西南角是大猪

圈。南屋是厨房。院门在东南角，因为院子东侧是一条南北方向的街道，因此院门朝东开。

如下是院落布局图：

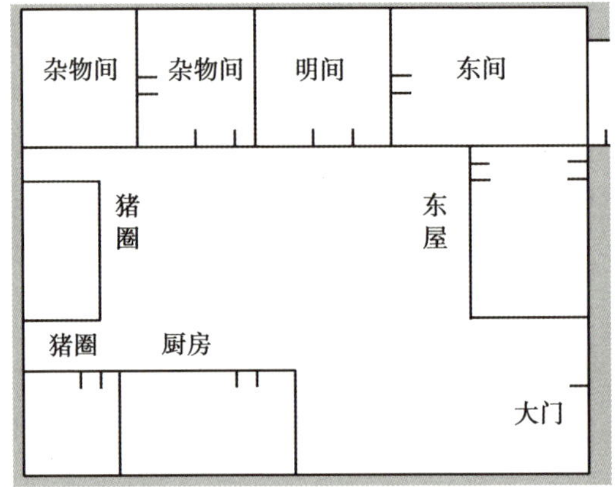

海青房院落布局示意图（制图人：张玉）

(四)只住庙前，不住庙后

因为村里有东、西两庙，所以本村有“只住庙前，不住庙后”的居住禁忌。东庙在村子东头，后面就是一条土路，再往东就是田地了。西庙后面同样没有住家，也是一大片庄稼地。据村民讲，只能住在庙的前面，如果住在庙的后面，就会人丁不旺，而且“不出正常人”。但是王姓人例外，“只有姓王的人能镇得住，可以住在庙后头，其他姓的绝对不行”。

(五)雀眼儿

在横顶村，老房子的东、西屋墙上有一种特殊的装饰，村民管它叫“雀眼儿”。雀眼是用六片瓦相对，摆成三片树叶的形状，瓦中间的空隙不堵，通着屋内。装饰“雀眼儿”有两个意思：一是给屋子里通气，好冒烟；二是给麻雀或燕子做窝用。庄稼人喜欢这些鸟儿，它们在自家屋上做窝是好兆头，也有人说鸟儿在这里做窝表明这家人是积德行善的好人家。

海青房上的雀眼儿

(六)温暖的火炕

横顶村所在的和庄镇因地势偏低,素有“小关东”之称,冬天相对别处更为寒冷。因此,在本村,不管是老房子,还是新瓦房,几乎每间住人的屋子里都砌有火炕,甚至有的人家一间屋子里就砌有2个。由于火炕主要是增加炕上的温度,提升室温十分有限,因此很多人还在室内同时点上铁皮炉取暖。

总的来说,本村的火炕主要有两种类型:一种是灶在屋子里的炕,这种炕最常见。有的灶和炕相连,中间只有一堵1米左右的矮墙。有的灶在进门的明间,和炕不在同一屋,有一墙之隔。冬天,屋里的灶在做饭、烧水的同时,还可以烧炕。在灶上做完晚饭后,人们一般都会继续烧会儿,好让炕多热一会儿,供夜间休息取暖。由于灶在屋内,炒菜有油烟,讲究一点的人家只在屋内蒸馒头或熬稀饭,炒菜就到厨房或院子里用电炉子做。

孙大娘家进间和卧室里共有2个炕、3个灶。她家临街,是坐北朝南的平房。进间东南角和东北角各有一个灶。东南角为烧火做饭的灶,上面一口大锅,墙上贴着灶王像。东北角的灶上是摊煎饼的鏊子。东屋南、北各有一炕,北边的炕挨门的地方还有一个小炉子,炉子和炕是连在一起的,烧水兼暖炕用。

炕与灶之间隔一堵矮墙

炕与灶不在一间屋子

另一种炕，烧炕的灶在屋子底下，这种炕多见于新式高台前出厦的房子。灶实际上是在院内而不是屋里。建房时在高台的地基之内挖出炕洞子，有的只挖一个，有的对称着挖两个。炕洞子内上面有与屋子相通的烟道，室内炕角也都有烟囱管道。炕洞子里的灶一般不大，主要是烧水、蒸馒头用。灶两边都留有空地，一边放马扎坐人，另一边堆锯末或秫秸等燃料。有的人家虽然也对称着挖两个洞，但并不是都用来起灶烧炕，不烧炕的那个洞，可以放杂物或做狗窝。

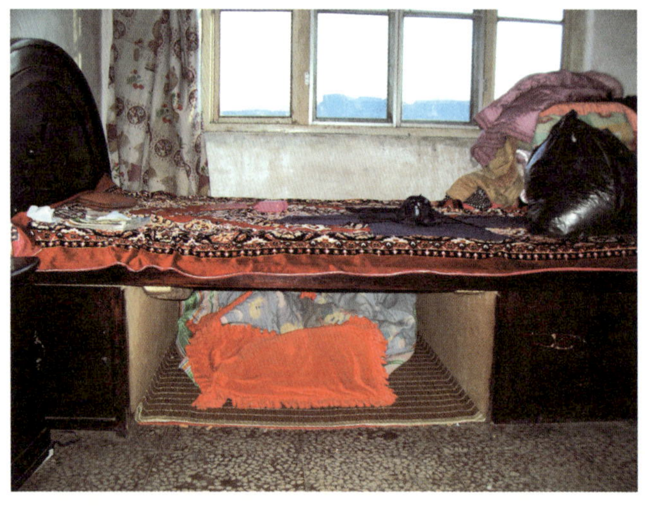

特殊形式的炕

除了这两种火炕，村里还有一种比较特殊的地炕，在村里较为少见。烧炕的灶同样是在高台建筑的台基之内，但上面的屋子里并没有砌炕，而直接是地面。有一户人家的炕就是如此，整个地面都是热的，靠窗放着的是木床。床底下的空隙里铺着凉席和褥子。主妇说:“床底下也能睡人,孩子有时候在下面睡……烧着地炕屋里也暖和。地下不厚,用砖垒起来,一道一道的,从里头引过来。”

(七)简朴的家具

笔者在调查中发现,在横顶村,居民家里的室内摆设多数都很简朴,没有发现很时髦的家具或家电,有上百年历史的古董家具倒是见过几件。

坐北朝南的堂屋一般被分为三间或两间。进门是进间,也叫“明间”,多为会客、吃饭的场所。一进门,一般正对着的就是八仙桌,旁边是椅子、橱柜等。因为很多人家烧炕的灶就在进间,所以进间还兼具厨房的功能,灶旁有放碗筷、油盐的菜橱。东、西两间屋子则多为主人的卧室及活动室,有床或炕、衣柜、写字台、小桌等。

室内的照明用具多为灯泡,灯绳就在一进门的地方。墙上的挂件有多种,老年人的屋子里一般挂着有钟摆的老式挂钟,年轻人的屋子里挂石英钟的居多。老年人喜欢将相框挂在一进门的地方,里面排满了各个时期的黑白老照片以及儿孙的彩色照片。老人还喜欢继续使用父母留下来的古董家具,多为有100多年历史的木橱和八仙桌,有的用着几十年前自己结婚时的柜子或橱子。年轻人喜欢往墙上挂地图或挂历,有的也挂自己的婚纱照。

单住老人的室内布置(1)

单住老人的室内布置(2)

现列举三户较为典型的室内布局。

1. 主人40多岁。明间与西间由大衣柜隔开,北面有一排低柜以及一个圆桌,西墙是写字台和方凳,墙上挂有地图。西北角有一个小橱,上面摆着小香炉和酒壶,供养财神、灶王,但墙上没有贴画。

前出厦房子的室内布置

2. 主人70多岁。屋子里靠东墙为一火炕,进门处有灶,灶边又有一铁炉。西窗下是木床。靠北墙是婆婆留下来的有上百年历史的家具。靠西墙是大桌子、电视机。靠床边竖着老式的木腿小圆桌。墙上有旧式相框。

3. 主人80多岁。东墙两炕中间是一张桌子,上面是黑白电视机,下面放粮食杂物。墙上挂着毛主席像,炕上有暖脚用的玻璃瓶,墙上有老式挂钟。

(八)房子里的供养

与其他村落相似,横顶村的村民也会在家里设个位置供养神灵。一般来说,村民家里供养最多的就是灶王爷,很多人家的灶台边上都贴着灶王像。其次就是财神,有的人喜欢在屋子正中的八仙桌上方贴财神像,并在桌上摆上供品,还有人喜欢在屋子的角落里给财神安排一个供桌。如一户人家堂屋西北角上有一个小橱,上面摆着小香炉和酒壶,供养财神、灶王,但墙上并没有贴画像。另一户人家则是在一间不住人的屋子里安排一张方桌,上方贴上财神像。赵兰香家在室内进间房门后的东南角上单独砌了一个供台,所供养的既不是灶王爷,也不是财神,而是泰山娘娘。

四、售卖与交通

(一)村里的小卖部

在贸易方面,村民常去相邻的南麻峪集市购买物品,如果是卖菜,除了去南麻峪,还去和庄镇大集和博山一带的集市等。平时村里还会有零散的小贩来售卖或易换粮食和水果等。和庄面粉厂里的人经常骑三轮摩托来村里,带着大米、面粉、挂面、方便面等,村民可以用现金购买,也可用自家晾好的地瓜干交换。

本村内有小百货店(代销点)三个。小店每年收入1万余元,每月地税30元左右。馒头店一个,2斤小麦换1斤馒头,如用钱购买,则是2元1斤馒头。村民大多是用小麦换,很少用钱买。这家馒头店还经营面粉、麸皮、挂面、大米、小米等,同时也是机电维修点,兼修电视、电话等家用电器,安装电视卫星天线、回收旧家电。三个小百货店也代销馒头,价格也是2元1斤。代销的馒头中有些是从邻村馒头房批发的,同时本村的馒头店也往外村批发。小百货店给人们的生活带来了极大的便利。

村西头还有一个小铺,门口挂着“联通手机服务站”的牌子。铺子里卖烟酒糖茶、油盐酱醋、学习用品及卫生纸、塑料桶等生活用品。小铺与店主家的院子是一体的,属于他家的南屋。店主平时不用出去进货,有人专门从厂家进货送到村里小卖部。这个店的历史不短,“集体的时候干代销,后来干经销”。有时候店主的儿子也去博山、莱芜批发进货,去时都是乘坐开到村里的公共汽车,自己家里也有两个摩托车,十分方便。这个小铺子也是村民生活中离不了的,有时炒菜发现没盐了,便打发孩子直接来买。

村里也有很多人外出贩卖商品。2017年,田大爷67岁,他做的小生意就是批发生姜。他常常推着铁制独轮车去杓山买姜,“从这里去杓山还有5里路,那里的老姜1块多1斤,黄姜六七毛。买了之后去博山卖。坐大货车去,来回30块钱。卖的话不管老姜还是黄姜都是1块多,一般卖不上2块钱”。

(二)村里的大街和小路

与以往相比,村落的交通条件得到了极大的改善,使得人们的社会生活更加便利,而且还延续了几十年前的生计传统,将运输业继续发扬光大,显著增加了村民的收入。同时,也正因为交通对人们的影响如此重要,就此还产生了新的风俗——祭车。

横顶村房前屋后都能走人,稍微宽一点的路大约有四五条。1949 年以后,修环山路 5000 多米,近十几年逐步修造林路 10000 多米。目前的主干道是一条横贯东西的大街,2005 年修成,水泥铺面,从村东头一直到村西头,往东连南、北麻峪两村,往西连杓山村。这条大街将整个村子分为南、北两部分,南面部分住户少,面积大概占村子的 1/3,北面山坡上住户多些。在横顶村村民心中,这条大街就像东庙、西庙一样,也是村子的标志之一。村里人已经习惯了将大街作为参照物来说明某处的地理位置。我们在寻找访谈对象的时候,常常听到这样的话:“我们的老宅子在街上”或“儿子不在街上,住上面”,“某某住在街西头”,等等。

除了这条路,村里还有两条东西向和南北向的土路。村子南边和北边各有一条东西向的土路,在村头与大街相连。这样一来,三条东西向的路好像在村子中写了个“中”字。南边那条路较宽,由于是土路,一下雨便变得泥泞不堪,极其难走。北边那条路在山上,邻近村子的最边缘。南北向的路有两条,在大街北侧,从街上通往山上,坡度较大。不过,因为路面较宽,还可以供拖拉机通行。2013 年 8 月,村委从莱城区交通局争取了 12 万元补助,对村里 8.37 公里的大路进行了路面硬化,尤其是上山的各条小路,极大地方便了村民进山干农活,特别是在桃子丰收的季节,收桃的小贩都能把车开到地头。2016 年春天,村里再次修路,主要目的是硬化村里的小巷。每平方米的路面,镇里补助 10.80 元,剩下的 18.20 元由村里出资,一共硬化了 9000 多平方米。这样,不管阴天下雨还是大雪纷飞,人们都不用再走泥泞的土路了。

横顶村的村民们所使用的交通工具,大的有汽车,小的有独轮车,不大不小的有摩托车。走在村里的路上,可以看到摩托车、三轮车、拖拉机、三轮摩托(也被当地人称为“摩的”)、小推车、自行车等各种运输工具。其中,摩托车和小推车最为常见。几乎家家都有摩托车，有的家庭甚至有两辆。据村民讲，村里 50 岁以下的男性村民几乎人人一辆摩托车。

一户人家的摩托车、三轮车、四轮货车

桃子丰收的季节三轮车来回奔忙

全村仅农用四轮货车就有差不多 10 辆，农用三轮也很普及。这些车辆主要用于外出打工、卖菜、上山收花生等。随着村中车辆越来越多，以运输为主业的村民也增加了。这样不仅大大方便了本村村民与周边村落的交流，更促进了村内与村外的贸易活动，蔬菜、水果的销售变得非常便捷。最重要的是，交通的便利使得运输成为村里的重要收入来源。近年来还产生了祭车习俗，由于家家都有车辆，该习俗很快就普遍流行并稳定下来。

一位大爷早晨往地里送粪

一位大爷推着小铁车

尽管动力车普及率很高，但小推车并没有退出人们的生活。在家劳作的老人及妇女则更喜欢独轮的小推车，可以说家家都有。用小推车把捡来

的柴火推回家，把猪圈里的粪肥推到地里去，把地里收的菜推出来，非常实用。总之，小车的作用非常大，虽然速度慢，但也不是太费力，不管道路宽窄平陡，都能走得很顺畅。

畜牧业在横顶并不发达，畜力车几乎见不到。农业生产中基本用不到畜力，养牛主要是为了卖钱，几乎家家都会养猪、养鸡，但规模都极小，仅有一户人家养猪规模较大。

第八章 扮玩与故事

一、村里村外扮杂耍

村里的杂耍挺多，像舞狮子、唱戏、踩高跷、玩龙，表演一直是断断续续进行的，"水平都很高"，人们把这些活动统称为"扮玩"。扮玩是有传统的，具体从什么时候开始，难以考证，村里的老人们都说："哎呀，那可是很早了！"

（一）演出市场

扮玩主要是在村里及周围村庄演出。杂耍表演的时间是从年初七到十六，正月十五肯定要留在本村演出。"排演"（排练）有时候正月开始，有时候从年前腊月二十三就开始，这样过了年初一，接着年初二就能先在本村表演。表演的时候要先去庙上演出，再到街上演出。据60多岁的邴宗会回忆，表演一直要持续到正月十六财神庙庙会。这中间也会到外村演出，到外村演出会事先与对方取得联系。有时候本村人会主动去别的村表演，更多的时候是别的村来人请本村人去演。去外村演出的时候，也是先到人家村里的庙上演出，之后才能到村里其他地方表演。

横顶村的演出团"出过乡，但没有出过市里"。到外村演出时一般是别人先来联系，有的还预付酬金，数额在100～400元不等。演出完之后，对方

会给一些糖果、几条大鸡烟(小点的村子给一两条,大的村子给三四条)和致谢的匾,不给酒。

去外村表演,主要去的地方有南麻峪、北麻峪、普通三个村子。其他村子,往北的方向有下洼、大英章、马家峪;向西到过五里桥和东杓山;向东的村有和庄、荣科、官家村、关西坡、青石关、东车辐、西车辐,一般不去向南的方向。去别的村演出,有时候是村委管饭,有时候横顶村演员到该村自己亲戚家吃,亲戚知道他们来村里演出就会提前准备饭菜去送饭。没有亲戚在当村的演员,就和大伙一起吃,“现在都有粮食了,不在乎谁吃了,谁多吃了”。不仅杂耍演员之间相互爱护,他们对观众也有一些规则要遵守,比如不对人说不尊敬的话,不耻笑人,如果自己在演出的时候有人笑话自己的表演,要装作没听见。

(二)组织、经费与传承

杂耍团每一个成员都是心甘情愿的,分工也很明确。邴笃忠、田福德、邴宗会先后都组织过扮杂耍。十几个人组成一个领导班子,这个班子肯定要有一个总领导,这个总领导也兼做导演,其余的人一个负责化妆,一个保管道具、服装等物品,一个管账目收支,两个管乐队,两个管高跷,一个管旱船,一个打杂。领导班子组成之后,再告知大伙儿要扮杂耍了,那些喜欢扮耍的人自己就找来了,自己选角色,遇到好几个人争一个角色的时候,就得看导演的意见了,导演让谁演谁就演,再安排其他的人演别的角色,但是也不会发生强迫谁演什么角色的情形,都会好好协商。扮杂耍一般需要 70 多人,最少的时候也得 50 多人,不能再少了,人数是越多越好。

演员没有什么年龄或性别上的特殊要求,但整体而言还是以成年女性为主。每年的杂耍至少都需要 70 多人,真正进行表演的有 50 多个。演出时的演员安排如下:

狮包:最少 12 人

红旗:一般是两杆,2 个人,负责打场子

横幅:上面写“横顶文艺团”,需要 2 个人

锣鼓队:最少 4 个人

关公:高跷中的人物,单独走在队伍的最前面

旱船：主要是扮《回荆州》，最少需要 8 个人

抬阁：以六阁来算，最少需要 30 个人

高跷：《单刀会》和《杨家将平苗》同时上场，演员是 13 个

抬脏官：一般是 3 个人

锣鼓队：最少 4 个人

从上面基本的演出形式来看，每一次扮杂要时都需要演员 50 人左右。在进行表演的时候，为了演员的安全，每个演员还得配备一个照顾他(她)的人，如此来看总共需要 70 人就是一个很保守的数字了。

扮杂要完全依赖村民自发组织，那么运转经费就是一个重要问题。首先，扮杂要涉及人力、服装、道具、乐器、外出表演，需要经费 2000 元左右。头些年，演员还得自己往里搭钱，有的先向别人借，借款对象主要是小门市部或者个人。有时候演出需要的钱也会请村民捐一部分，最少的 1 元钱，最多的 50 元，大多数是 10 元，参加演出的人会捐得更多。

排练和演出期间，所有人都没有报酬。在演出完之后，如果还有一些物品的话，参加演出的人可以以低于市场的价格买一些东西。比方说邀请方作为报酬赠予的大鸡烟，市场上卖 20 元，参加演出的人可以 18 元买下，不参加演出的人不允许买这些东西。如果在扮杂要的时候受伤了，也是自费治疗。演出所需物品，首先从杂要团里找，找不到再由“蹿班”(杂要团干杂事的人)或者演员去借，借了谁家的东西，演出结束后也是借者本人去归还，还要给对方准备礼物(比如香烟)表示感谢。

穆桂英扮相的基本配置

扮玩没有任何常项经费支持，所以经费压力很大。2002 年扮玩过程中就出现了经费不够的情形，结果就没像往年那样扮到正月十六，而是到正月十一就结束了。从 2002 年开始到

现在，扮玩再也没有进行过，服装、道具都存放在邴宗会家里，遭到虫蛀鼠咬，损坏严重。2017 年 4 月，我们好不容易才勉强凑齐穆桂英的装扮。

为什么扮杂要现在没法继续下来了？村民告诉我们，资金和人力两个方面都存在接续不上的问题。从资金方面来说，这一活动一直以来就没有固定资金投入。人力方面，前期扮杂要的演员年龄大了，没有"玩瘾"了，后期队伍又跟不上。首先扮杂要需要投入很多人力，而村子里很多青壮年都外出打工，春节前几天才回来，春节后几天又离开了，妇女也是一样，除非年纪很大的妇女才留在村子里。其次，扮杂要既需要成年人做演员，同时也需要青少年参与，但现在的青少年一是要读书求学，没有时间玩这个；二是不能吃苦，春节期间宁肯看电视也不愿意参加村集体的表演活动。如此一来，既没有人力的支持，又没有稳定的公共投入，演出便无法正常运行，扮杂要也只能中止了。

2006 年的扮玩全家福(自邴宗会家中翻拍)

(三)杂要项目

杂要团的演出曲目以前极为丰富，有《寒衫记》(《珍珠衫》)、《鼎三卖药》《点灯爬坡》《金丝道烧窑》(《刘秀逃难》)、《三世仇》《李二嫂改嫁》《小姑贤》

等。近些年常演的是《十二寡妇征西》《七品芝麻官》《单刀会》。扮杂耍主要的乐器是锣、鼓、镲和钹，这些乐器都需要两套，不过目的并非为了预防乐器突然丢失或损坏，而是演出的时候前面一套、后面一套，这样现场所有的观众才能都听见。有的村子看杂耍的人很多，就需要四套乐器，这算是最多的了，因此也会增加对人力的要求。

1.狮子舞

扮杂耍里有一种狮子舞，当地方言叫"狮包"。这种狮包要走在队伍的最前面，主要是打场子、烘托气氛，表演的时候是三人一组，其中两个扮狮子，一个逗狮子。上场表演的时候一般是两组同时进行表演，另外还需要两组等着替换。这样狮包总共需要12个人。

2.小演员"抬阁"

杂耍中还有一种表演形式叫"抬阁"，主要是由5～8岁的儿童来表演。一般是拿一张1米见方的桌子，在桌子的两边有两条长担子(木质工具)让人可以抬，桌子的前面两个角还要扎一个拱形的圈门。圈门要用彩色的布、假花等颜色鲜亮的东西装饰起来，圈门中间再横着绑一根木棍，这样小孩子就可以站立在桌子上，站立时双手紧握这根横着的木棍，并且站立高度不能超过圈门。由于孩子年龄太小，所以间接地要求抬阁的人是小孩的亲属，尽可能地确保安全、避免风险。当地一般有"四抬""六抬"之说，就是上场表演的时候4个或者6个"阁子"同时进行演出。表演时一般都会把小孩儿扮成青蛇、白蛇、许仙、小放牛、织女等角色。

不过现在这种表演已经中断很久了，一是现在每家的孩子都很少，家长不愿意让孩子去，二是这种表演的主要演员是儿童，儿童还不太容易学表演，而抬阁又对参加的人数有较高的要求。这些都是导致"抬阁"容易中断、不能流行的原因。

3.高跷

高跷是杂耍的主要形式之一。这里的高跷一般长约104厘米，宽5～6厘米。在这个木棍的中间(56厘米处)有一个长约10厘米、厚约3厘米的脚踏子，踩高跷的时候就是将脚放在这里，在脚踏子的上面有两个孔，交叉穿过一条长约4米、可以捆绑在人腿肚子上的高跷绳子，通过这条绳子人就可以比较安全地踩在高跷上行进了。在脚踏子的下面有一个长约12厘米、被

称为“脚踏板木托”的木块，这在当地的方言中被称作“壮汉”，从其名称可以看出它在整个高跷材料中的重要作用。高跷表演主要是随着鼓点走，动作和唱戏差不多，一般是“咚嚓、咚嚓、咚咚嚓”的节奏，因为人是踩在高跷上，所以节奏都比较慢。走的步伐主要有“十”字步、“八”字步、蛇形步(S形)和Z形步。

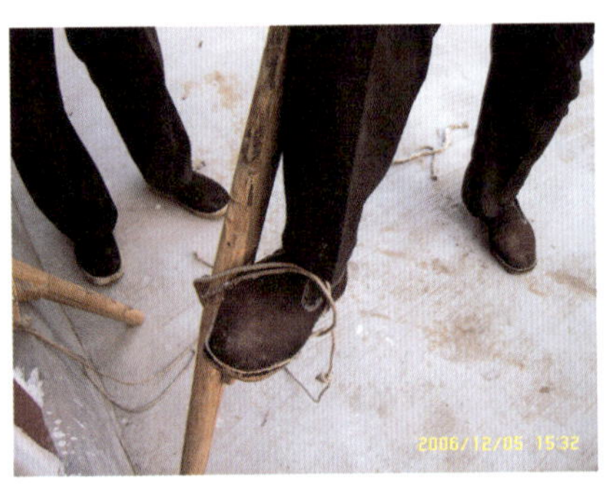

脚踩的地方俗称“壮汉”

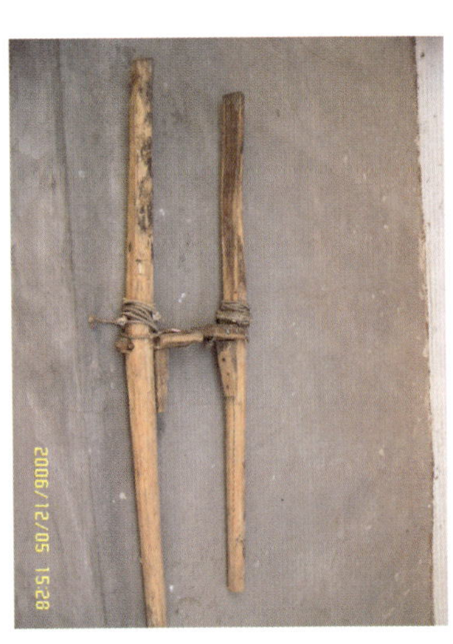

一副高跷

高跷中演出的曲目以《杨家将》最多，其次是《单刀会》和《回荆州》，最近还演过一些现代内容的戏，例如表现计划生育主题的，但演出时仍然以反映古代历史的戏曲为主。

杨家将故事主要是《十二寡妇征西》《寇准背靴》和《杨家将平苗》。《杨家将平苗》涉及的人物主要有佘太君、穆桂英、杨金华、杨文广、马赛英(五郎的妻子)、杜金娥(七郎的妻子)、杨排风、杨八姐、九妹，对方的人物有刘香春、吴金铜。这个曲目主要演出的内容是讲“宋朝的时候，苗国进犯中原，朝廷派杨家将去平反，敌我双方打仗”的故事。在高跷表演中，所有的人物是同时上场的。

佘太君：头戴凤冠，腰间扎玉带，身穿老旦蟒袍，右手托大印。

穆桂英：头戴帅盔，盔甲上还有雉翎，身穿红甲，身后有四杆护背旗(护背旗只有领兵的才可以有)，手拿红缨枪，身后还要有一面帅旗，上面写着“穆”。

杨金花：小旦扮相，头戴小额子，身穿红甲，手持红缨枪，身后没有护背旗。

杨文广：头戴银盔，身穿白甲，身后有护背旗，手持白缨枪。

马赛英：头戴小额子，身穿红甲，身后没有护背旗，手持白缨枪。

杜金娥：头戴小额子，身穿黑甲或粉红甲，手持红缨枪，身后没有护背旗。

杨排风：头戴小额子，身穿浅绿色甲，身后没有护背旗，手拿焰火棍。如果赶上条件好，就可以配备军盔和雉翎、护背旗。

八姐九妹：头戴小额子，身穿粉红色甲，手拿红缨枪，身后没有护背旗。

刘春香：头戴小额子，身穿大红甲，身后没有护背旗，身后有人挑一面旗，上面写着“刘”。

吴锦童：头戴小额子，身穿浅红甲，身后没有护背旗，手持白缨枪，身后也没有专门的人挑旗。

护背旗

《单刀会》主要是讲三国时关公带着关平、周仓到东吴和鲁肃谈国事的故事。因为人们把关公当作财神来供奉，所以《单刀会》又被称作《财神》。据说，以前叫《单刀会》主要有两个原因：一是这三个人只有一把刀，关公用

刀，关平和周仓抬刀；二是形容关公的刀很厉害，三个人用一把刀到东吴都能来去自如。

关公是财神，是杂耍中必须要有的人物，所以总是让《单刀会》的关公走在最前面，其形象是左手托盘，盘里面放一个大元宝，右手拿马鞭。在表演的时候，经商的家户会截住关公，让他在自己家门前多逗留一会儿，有的还会单独给扮演关公的演员礼物。

关公：红脸长须，身穿绿袍，腰间扎玉带，右手拿马摔，左手拿一块红布（长 40 厘米、宽 25 厘米），上面写着“恭喜发财”。扮演关公的人需是长脸、细眼睛、高个子，“一看就是个干部样的”。

关平：白脸，没胡子，身穿白甲，头戴银盔，右手托着一块用黄布包的大印（长 25 厘米、宽 15 厘米、厚 15 厘米）。

周仓：黑脸，络腮胡要短、黑、密，头戴黑盔，身穿黑甲，两手拿关公的青龙偃月刀。

4. 踩旱船

还有一种杂耍形式是踩旱船。船多用竹、木或高粱秆扎框，外面用绸、花布围起来，中间有一条长带子，人们把这条带子系在跑旱船的人的腰间，这样装扮起来的人就好似坐在船中间。另外还有一个人手持船桨，做划桨状，如此两人合作，模拟船在水中的各种动作，载歌载舞。

演出时，一个必演的节目是《七品芝麻官》。这个表演一般需要 4 个人，两人抬轿，一人坐轿，一人在轿前打锣。坐轿的人其实是两脚着地的，但是他必须随着抬轿人的摆动而上下左右颠簸，并且他的化妆要以扮丑为主，鼻子上抹一道白。

《回荆州》也很受村民欢迎，讲的是三国时东吴的周瑜用美人计骗刘备到江东娶孙权的妹妹孙尚香，想杀死刘备，结果被诸葛亮将计就计，让东吴赔了夫人又折兵的故事。戏里面有 4 个人物，分别是诸葛亮、刘备、孙尚香和赵云。

诸葛亮：白脸，三指长的黑胡子既不疏也不密，头戴道帽，身穿八卦衣。演员必须是长脸，不能太胖，“应该有干部指挥官的模样”。

刘备：白脸，黑胡子，头戴皇冠，帽子上有两个穗子，身穿黄色或者红色的龙袍，腰间扎玉带。扮演者的形象要求和诸葛亮一样。

孙尚香：花旦，瓜子脸，头戴凤冠，凤冠上要有十几串穗子，身上穿红色娘娘衣。演员要求是身材苗条，瓜子脸，“长得很俊”。

赵云：小武生，素白脸，银甲银盔，身后有护背旗，手持银枪。扮演者得是长脸，还要“长得人才英俊”。

踩旱船和踩高跷不是一回事，二者主要的分别在于，踩旱船的时候脚要着地，人在船里面，而高跷是木制的，要绑在人的腿上，能增加人的高度。这两种形式都需要一定的节奏，踩高跷的时候节奏要慢一些，旱船的节奏却要随着剧情和前面划船的人有所变动，跑得好的旱船就像坐着真船在水中漂泊，显得自由自在。这两种杂耍都要有乐器伴奏，主要有锣、鼓、大钹、大镲，杂耍团有条件的话还可以有笙、唢呐、笛子、琴（月琴、柳琴、手风琴、口琴），但很少用二胡。

二、讲故事

本村的故事，既有牛郎织女那样闻名全国的爱情传说，也有围绕着庙宇而产生的地方传说；既有与村落景观有关的风物故事，也有庙宇神灵的灵验叙事。

（一）牛郎织女传说

1. 牛郎是兄弟两个，牛郎是老二，他哥哥要和他分家，只分给他一头牛，房子和地都没给他，这都是牛郎他哥的主意，和他嫂子没有关系。这样牛郎只能住在牛棚里，和牛一起生活。织女是天上的仙女，从天上来这里洗澡，牛郎听了老牛的话就躲在树林里，抱走了织女的衣服，织女就只能落凡了。织女每天纺线织布，牛郎放牛种地，俩人生了一儿一女。王母娘娘知道后就派天兵天将来捉她，牛郎就挑起儿女去追她，王母娘娘拿头上的簪子划了一条天河，还拿身边的锁头打牛郎，没打着，现在牛郎身边还有一个像锁头的星星呢。七月七这一天都看不见喜鹊了，就是都上天去给牛郎织女搭桥去了，牛郎织女不是这一天要见

面嘛。[1]

2.……王母娘娘拿头上的簪子划了一条天河。牛郎把一个锁头(一种农具)扔给织女,织女便把线穗扔给牛郎。现在织女星身边有三颗星,叫锁头星、牛郎星(又叫"牵牛星"),远处有四颗星,叫"线穗星"。因为织女没有牛郎的准头好,所以织女旁边有锁头,但线穗扔得离牛郎远些了。[2]

(二)石大夫的神话故事

1.石大夫是一个姓石的大夫,是个男的,有两个老婆,大老婆姓白,都是西乡人。石大夫是一个外科医生,主要治疮,(是)疮大夫。石大夫的医术很灵,最近几年,南麻峪村有一个人长了疮,去哪儿都治不好,没办法了就来这儿找石大夫,先到石大夫的药匣子那打点水,把打的水和自己准备的供品放在(供桌)上面,烧个香,磕个头,拿上打的那个水回家喝,喝完了就再来,最多两三次疮就好了。[3]

2.石大夫是个女的,是个疮大夫。她本来不姓石,因为给人看病实在,能治好病,用现在的话讲就是讲诚信,所以叫"石大夫"。这里的人都不去破坏石大夫的药匣子,即使不相信也不会去搞破坏。[4]

3.石大夫是淄川常山人,是个疮大夫,他的大老婆姓白,五色涯人(五色涯人全部姓白,那里有一个石牌坊,是纪念贞节烈妇的),其他关于他的两个老婆的传说记不清了。石大夫有后代,20世纪30年代的时候,他的后人还来这里给他上坟,日本人占领之后,就再也没有来过。[5]

4.石大夫是济南东常山县人,男性,来到此地后才娶了五色崖村一位姓白的女子为妻。我知道的是我村一个姓姜的求他治好过病,一个

---

① 讲述人:温传友,67岁;讲述时间:2006年12月3日14点;讲述地点:温传友家中;访谈人:郭俊红。

② 讲述人:邴宗会,80岁;讲述时间:2017年5月18日;讲述地点:邴宗会家中;访谈人:刁统菊、王宇栋。

③ 讲述人:温传友,67岁;讲述时间:2006年12月3日14点;讲述地点:温传友家中;访谈人:郭俊红。

④ 讲述人:吴基汉,82岁;讲述时间:2006年12月4日14点;讲述地点:吴基汉家中;访谈人:郭俊红。

⑤ 讲述人:姜玉水,82岁;讲述时间:2006年12月4日11点;讲述地点:姜玉水家中;访谈人:郭俊红。

姓耿的求他给妻子治好过病。古时候博山有一伙瓷商在此处病了(现在叫感冒),求石大夫治好了病又发了财,他们一伙专门烧制了一个大香炉送来,上面有他一伙的姓名……①

(三)玄武大帝的神话故事

1. 玄武大帝就是元始天尊,什么事他也管啊。旁边是十二元帅啊。周公和桃花姑吧,就是给他动弹(即供他使唤)的。为啥说天尊他踩了个蛇和乌龟呀?那就是天尊修炼的时候未成神仙的那空里啊,不喝水不吃饭。他的肠子爬在肚子里臌膗(动弹)不得劲,他就自己用手把肚子豁拉了,那胃就成了龟,肠子就成了蛇。这个肠和胃就在外面作恶。周公和桃花姑就去拿他。周公是个男的,桃花姑是个女的。别看她是个女的,武功可厉害哩。周公和桃花姑收不了它们,这不才请元始天尊来收它们。元始天尊一看这不是自己的肠子和胃呀,这才收了。周公和桃花姑才拜元始天尊为师。他那十二大元帅呢,每一个就代表一个属相啊,收的时候都可厉害了,不好收啊,这才成了十二大元帅。②

2. 东面的玄武大帝也很灵,他以前也是一个皇帝,后来不愿意做皇帝才出家的。他刚出生时是个大胖小子,学了七八年书,就去学本事了。学了500年之后觉得自己学成了就回家了。在山上碰到一个大娘在磨针,就问:"大娘,你这是在干什么呀?"大娘说:"我在磨绣花针给我女儿做陪嫁。"玄武大帝说:"那你得磨到什么时候啊?"大娘说:"想要功夫深,铁棒磨成针。"听完之后,玄武大帝很受启发,就又回去学了500年才回来。玄武大帝的本事很大。③

3. 在村东面的庙里以前有壁画,我小的时候在那里见过。其中有一幅画是这样的:有一个人和他娘、他媳妇三人去赶会。天快下雨的时候,这人就背起媳妇跑了,放下他小脚的娘在后面。结果他娘的头上是

① 讲述人:郦宗会,80岁;讲述时间:2017年5月18日;讲述地点:郦宗会家中;访谈人:刁统菊、王宇栋。

② 讲述人:姜绍祯,60岁;讲述时间:2006年12月3日下午;讲述地点:姜绍祯家中;访谈人:刘晓。

③ 讲述人:姜玉水,82岁;讲述时间:2006年12月4日11点;讲述地点:姜玉水家中;访谈人:郭俊红。

太阳，没有下雨，他两口子头上下的雨很大，那雨全下他们身上了。这个画是告诉人不能忘本。这些画都是教育人的，现在这些画都没了。①

4. 玄武大帝不是元始天尊，是无量天尊，是武当的神。也有说他专来世上不做皇帝。他的男徒弟叫周公段。原来庙内壁画画的是玄武帝修炼的经过，庙内西南角画着他头上孵出小乌鸦。他也叫真武大帝，部下十二元帅，是《封神演义》上说的人物。庙外迎宾墙上原是"二龙戏珠"，有直径十几公分粗的陶瓷龙（半圆）庙脊，在麒麟两头的小人是姜子牙的小舅子。因为他俩向姜子牙讨封的时候嫌神位小，姜子牙就封他神上摞神。②

（四）村落景观的故事

1. 从五里桥到村中的道路上，路的北面有许多奇形怪状的石头，其中比较出名的有仙人桥、试刀石、立刀石和聚力石。这些石头为什么这么称呼没人说得清，只知道是从老辈那里传下来的。

试刀石由一块直立的石头和一块横卧的石头组成，这两块石头看上去就像是被人用刀子从中间劈开的一样。试刀石现在已经没有了，被石匠打坏了。还有一种说法是宋朝时杨家将打仗兵败，被围困在此。后来宋军在此磨刀，重振士气，冲出围困，所以取名"试刀石"。

立刀石是因为这些石头的形状一边厚，一边薄，形状像立着的刀片。

聚力石是两块大石头叠加在一起，现在也已经被石匠破坏了。关于聚力石有一个故事：民国时期，上桥村村民田子文会武术，是远近闻名的"拳把式"。村北山上有两块大石头，村里的小青年就用它来比试谁的力气大，结果田子文力大无穷，将这两块石头举过头顶。田子文后来参加了八路军，多次立功，后来军衔达到团级以上。③

---

① 讲述人：吴基汉，82岁；讲述时间：2006年12月4日14点；讲述地点：吴基汉家中；访谈人：郭俊红。

② 讲述人：郈宗会，80岁；讲述时间：2017年5月18日；讲述地点：郈宗会家中；访谈人：刁统菊、王宇栋。

③ 讲述人：温传友，67岁；讲述时间：2006年12月3日14点；讲述地点：温传友家中；访谈人：郭俊红。

2. 宋朝时的孙二娘曾经在此地开黑店，她主要是用刀，但武功一般。相距不远处有一个叫郑恩的年轻人，知道她是开黑店的，想来找她比试比试，就来她开的黑店住下了。到了晚上，两人就比划起来了，郑恩的武功比孙二娘的要高，一下子就把孙二娘手里的刀给打没了。孙二娘一看自己的武器没了，随手就拔起身边的荆棘向郑恩打去，因为她用的力气太大了，所以从此之后这里的荆棘的刺都成了向上长的了。[①]

三、当地歌谣与谚语

左一把，右一把，不到三年就生俩。

添着豆枕上了炕，儿女一大帮。

大伯头压炕，儿女一大帮。

老哥比祖，老嫂比母。

谷雨前后，点点种种。

谷雨前后，种瓜种豆。

重阳无雨盼十三，十三不下一冬干。

旱了东南不下雨，涝了西北不晴天。

春刮东南风，不用问先生。

望鲁山盖帽，扛活的睡觉。

老汉活到九十九，没盼到东北雨往上走。

水缸出汗蛤蟆叫，蚯蚓出来"吱吱"叫，必有大雨到。

早晨雾了当日晴，晚上雾了等不到明。

麦种黄泉谷露糠，大豆种在地皮上。

大至立了夏，家家把苗剜。

立夏前以后，花生开始点。

① 讲述人：吴基汉，82岁；讲述时间：2006年12月4日14点；讲述地点：吴基汉家中；访谈人：郭俊红。

第九章

村里的人 村里的事

一、横顶村的荣耀

从 2006 年开始至今,我们多次来横顶村调查。在我们眼里,村子最大的荣耀当属它的无限活力。横顶村和许许多多的村落一样,属于老年人留守的村落,但它和那些村落不一样的是,留守的人群并没有把自己的村子变成荒芜的草丛,而是通过辛苦的劳作,让村里的大街小巷、一砖一瓦、一草一木都一点一点地生发出新的枝叶。

"咱们村的荣耀是什么?"村民对这个问题有各种各样的答案。有的人思索一下说是村民重视教育,年年都有学生考上大学甚至研究生、博士生;有的人说是村民生活得到了极大改善;有的人认为是村里的庙修起来了,恢复了历史上的文化;还有的人说是那些为今天的和平生活付出了健康和生命的战士;有的人说村里这些年来连连"欠账",近几年终于"不欠账"了。答案的种类越多,越能够将人们心中最珍视的东西凸显出来,那就是"人",即"大学生"和"烈士"(或英雄)。

现在人们谈起村落的历史来,讲得最多的一个是庙,一个就是著名的"三行"。所谓"三行",就是清朝末年横顶村的三个行业。据《十卷书·村庄》记载:"清朝末年,横顶村有三行,即学行、武行、商行。"其中,"学行"指的是秀

才孔兆林考取七品县令职位，但因家境不济未能做官，不过因其学识广博，十里八乡都称之为“老师”。他对以后的聘师置塾、教育子孙、发达本村起到了推动作用。而“武行”指的是栾思敬、栾思明为了让人们强身健体、保家护村而传授武艺，尤重品德。“商行”则指郈家三兄弟在齐鲁古道上往返经商，因家业兴旺而名震一时。

横顶不仅村风质朴、民风和谐，而且由于地处在古道之上，过往的行人带来了信息和文明，拓展了人们的心胸和眼界。随着社会政治和文化形势的发展变化，如今“武行”已经湮没，“商行”在经过一段时期的沉寂之后在全村范围内再度兴起，而“学行”却一直保持着向上的势头，从未中断。

横顶村自古就格外重视和发展教育，但是办学的过程比较艰难。1949年以前，村里就有私塾学堂，聘任孔宪华为第一位先生。1949 年后，村里建起了容纳 3 个班的小学。“横顶小学”最早是在西边的财神庙附近，后来搬到东庙的东间，然后又挪到西间。20 世纪六七十年代，人们在东庙东北方向筹资建设了 7 间瓦房，将之建成能容纳 5 个班的标准小学。再后来将现在村委办公的地方作为小学，适龄儿童全部入学。80 年代后期，随着计划生育政策的深入实施，孩子越来越少，政府号召合班并校，附近三村的小学就合并到南麻峪村，后来又合并到普通村小学，并延续至今。村里的孩子们在勤劳、厚道的祖辈和父辈影响之下发奋学习，一年又一年考出去许多学生。近几年，村里走出去的孩子主要有：

村里第一批初中毕业生是王玉忠、赵玉玺，高中毕业生是郈宗彬，恢复高考后郈宗亮第一个考上中专，后来有温奉堂。

郈强，1994 年考入曲阜师范大学，后考入浙江大学研究生毕业，现在浙江工作。

孔祥云，1995 年考入临沂医专，现在莱芜工作。

王春辉，1999 年考入聊城师范学院，武汉大学读研究生，中国社会科学院读博士，毕业后，在首都师范大学任教，曾到美国任教四年。

耿云霄，1999 年考入青岛海军航空学院，现在青岛工作。

田刚，2000 年考入山东农业大学，毕业后考入南京农业大学研究生毕业，现在浙江工作。

王相庆，2000 年考入烟台大学毕业后，又去南京大学读研究生，现

在青岛工作。

姜书青，2000 年考入济宁医学院，现在济宁工作。

孔琳琳，2000 年考入中南大学，现在济南工作。

孔旭，2001 年考入山东医药学校，现在淄博张店工作。

赵增辉，2002 年考入青岛科技大学，现在青岛工作。

赵增强，2002 年考入烟台大学，毕业后在北京工业大学读研究生，现在淄博张店工作。

栾冬梅，2003 年考入潍坊教育学院。

温奉超，2005 年考入山东农业大学。

孔顺，2006 年考入青岛大学。

姜成杰，2006 年考入海南大学三亚学院。

田浩，2007 年考入浙江传媒大学。

田冰冰，2007 年考入哈尔滨工业大学。

孔丽娟，2007 年考入山东经济学院。

孔丽媛，2007 年考入德州学院。

郈超，2007 年考入青岛港湾职业技术学院。

孔鹏举，2009 年考入浙江理工大学。

2013 年栾帆考入大学以后，又有许多孩子考上大学：

吴贞强，本科毕业；郈聪聪，在读研究生；郈雪，本科毕业；吴贞东，本科毕业；温暖，研究生毕业；温仲，在读研究生；田银平，专科毕业；孔喆、王振铎、郈海，青岛港湾职业技术学院毕业；郈辉，专科毕业；田靖，本科毕业；王鹤，本科毕业；齐泽辉，本科毕业；孔张艺，专科毕业；郈坤，专科毕业；孔颖，本科毕业；在读：徐应心，烟台大学；姜旭东，鲁东大学；孔艳超、姜睿，大学在读。

这是村里人帮助整理的名单。早些年的大学生还要多，因为大家记住的常常是本科生，专科生并没有记录下来。后来随着大学生数量的增多，人们的新鲜感就慢慢下降，都记不住名字了。此外，近些年由于考上大学后户口有人迁出有人不迁出，因此就算是村委也很难掌握全部大学生的名单。

战争年代，横顶村 1938 年就建起了村支部、妇救会，村里民兵骁勇善战，从不供给鬼子物资和粮食。莱芜县委和区委的领导常驻这里，被称为“有据

点无敌村”。村民积极支持前线，为革命事业做出了巨大的贡献，出现了王仕彪等一批优秀人才和英勇战士。

温传诗(1918～2008年)1943年起任敌工部锄奸股股长，与敌顽进行了艰苦卓绝的斗争。济南解放后，经上级批准回乡疗养。病愈后，温传诗被安排在本地从事教育工作。温氏家族另一位英雄温传海(1917～1983年)出身贫苦，1940年参加八路军，1942年2月在攻打蒙阴城时负重伤，1945年日本投降后复员回家。回到村上，他又利用在部队所学的知识，领导村上民兵展开对敌斗争。1958～1967年任村委会主任，和村民一起艰苦奋斗，使许多山岭薄地变成良田。1970年后在村小学任贫下中农管理学校代表，通过讲述革命斗争故事，激励同学们好好学习。

西庙南墙下的两通石碑，上面记录的也是村里的战斗英雄。孔庆怀(1921～2002年)1939年9月参加山东纵队先遣大队，在战争年代经受了严峻的考验，为中国革命和解放事业做出了贡献，后又积极参加国家建设。姜玉才(1928～　)16岁便参加村民兵组织站岗放哨，后参加了解放博山、费县等战役，也曾入朝参战。1957年复员回乡，1962～1967年任生产队长，1971～1978年任村支部委员，晚年参加村调解工作。

几位战斗英雄的人生经历无不说明，他们不但在外作战勇敢，而且回乡服务也很积极。他们之所以为子女、族人和村民所津津乐道，原因就在于此。除了他们，还有几位战斗英雄也为后来人们的和平生活做出了贡献。人们为他们感到骄傲，有的写在族谱里，有的刻碑纪念，有的留在人们的口头和记忆里，永远为人们所记住和怀念。

二、旱地西红柿与红冠桃

1994年，邴业永是当地旱地西红柿种植第一人。他本来是在一个偶然的场合听人家说横顶村的土壤适宜栽种旱地西红柿，于是赶紧悄悄了解了一下行情，发现旱地西红柿的利润相当可观。所以他尽量动员全村种植，谁知却遭到了很大的阻力，因为村里祖祖辈辈从土地里种出来的都是地瓜、花生和玉米，大家担心种出西红柿没有人买，“烂坡里”了。邴业永就下决心自己先带头尝试。由于当时缺乏种植经验，他还曾骑自行车

去沂源学习技术，老伴说“他对西红柿比对两个儿女都上心”。到秋后一结算，一亩地的西红柿竟为家里带来了5000元的收入，这可是要种10年的花生才能挣来的。

6月的旱地西红柿

为了促进村落农业发展，邴业永又一次在全村大力推广引进旱地西红柿，这回大家纷纷学着种，最后发展到家家户户都种，现在全村旱地西红柿的种植面积大概有300亩。旱地西红柿从阳历7月开始卖，一直能卖到下霜，而且霜前摘下的绿色西红柿捂红了一样能卖，一茬又一茬，产量高，卖价高，2016年价格大约每斤1.1元，有的甚至卖到2元钱，因此深受村民喜欢。这种旱地西红柿也是施土肥，种的时候下面放点复合肥，复合肥效力发挥比较慢，有后劲。旱地西红柿是沙瓤的，而且汁水多，口感好，特别适合生吃。到收获的季节，好多莱芜城里人都到横顶去买。邴业永年龄大了，已有2年不种了，但谈起当年种植旱地西红柿的经历以及卖西红柿带来的收益时，他的喜悦之情溢于言表。

村里最早种的桃子是普通的水蜜桃，每斤批发价从几分钱到3毛钱不等。当时水蜜桃销售主要靠个人，缺乏统一的市场调节和保护措施，其价格受市场波动影响大，甚至还出现了越丰收、收入越少的情况，而且普通水蜜桃的储存期比较短，无法销售到更远的地区。大概是1997年，邴业永又从不远处的峨峪村引进桃树新品种——红冠桃。该品种由山东农业大学果树研

究所研发，结出的桃子又大又脆又甜，属于硬质水果，可以存放半个月左右，质量好的甚至可存放一个月。这种桃子因其显而易见的优势而为村民广泛种植。

桃子丰收了，为了把桃子卖出去，村委会又主持修建了环山路，并且将村里每条小道都修成了水泥路。很快，红冠桃便在全村普及开来，目前种植面积已达到 600 多亩。桃子怕干旱，所以每逢天旱而又灌溉不足的时候，老人们还要到龙王庙里去求雨。

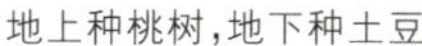

地上种桃树，地下种土豆

7 月底的桃树

为了增加红冠桃的销售量，为村民谋福利，从 2011 年开始，和庄镇连续举办了两届红冠桃比赛，同时设立市场收取一定费用。大赛设置了一看外形、二称重量、三测糖分的比赛规则，并设有奖杯、证书和奖品(太空被)。当年邴业永拿了 3 个桃参赛，一共 3 斤 3 两(约合 1.65 公斤)多，获得了一等奖。在连续搞了两届比赛后，主办单位不但没有达到预期目的，还赔了钱，这个活动就没有再继续举办下去。2015 年、2016 年，和庄镇又办了两届比赛。2016 年，邴业永拿了一个 0.6 公斤的桃参赛，又获得了一等奖。2017 年的红冠桃比赛则是横顶村的邴爱英拿了冠军。

邴业永老伴在杭州照看孙子，所以有些重活比如施肥、刨地、剪枝等都是雇人干。2016 年，邴业永因为要到杭州儿子家看望刚出生的孙女，就花了 1000 块钱请熟人用 10 天的时间剪枝。平常都是他亲自剪枝，前后花 1 个月的时间，像伺候孩子一样细心。打农药的时候，他也亲自动手，另外再雇请一个人，这样农活就能干得很好。冬天农闲的时候他也会到杭州儿子家呆一段时间，但是每次呆几天后，都会感觉“闲得浑身没劲”，而在地里干活的时候却浑身有使不完的劲。不过他在儿子家的唯一好处是学会了用智能手

机、玩微信，这对村里的工作还是很有好处的。从郦业永的桃树种植情况来看，因为2015年冬天全国的气温都急剧下降，加上横顶村地势高，气温格外低，地里的桃树冻死了不少，现在还是稀稀落落的。所以，他提前育苗，准备补种，这样两三年下来就能见到收益。

推着独轮车来卖桃

三轮车开到田间地头来运桃

2012年，村里成立了莱芜市福寿红冠蜜桃专业种植合作社，主要工作是对村民种植的红冠桃进行统一管理、统一销售，定期邀请技术员给种植户讲课以及培训如何剪枝、喷药等等。开始有10家村民加入合作社，现在发展到214家，但实际上合作社发挥的作用并不如设想的那样大。究其原因，一是大家都嫌麻烦，没有按照规章制度办事；二是红冠桃的种植技术含量低；三是横顶的桃子比较好销售，无需合作社的支持。到了桃子收获的季节，家家户户都把桃子运到村中东庙和西庙的路中间卖，这严重影响了交通。2013年，村委会用修路剩下的1万元，以及从上级政府申请到的3万元拨款，在东庙东侧征了一片地，平整后将其作为交易广场。村里不仅有两名清洁员专门负责打扫卫生，村委会还无偿提供4台磅秤，确保公平交易，减少纠纷。广场为村民卖桃提供了极大的方便，只要桃子运到那里，出了太阳晒不着，下雨还淋不着。2017年，村里大概有700亩红冠桃，亩产约2500公斤，个头普通的桃子批发价每公斤2元钱，大的每公斤要4元钱。这个价格比往年都要低，2016年是每公斤约5元，2015年是每公斤约6元钱。2013年的价格最高，大约每公斤8元钱。

红冠桃的种植和销售以及其他农业生产，一起为横顶村增添了无数活力。尽管这个村子和全国其他地方的许多村落一样，青壮年人口大大流失，仅剩下老年人留在村里，平时最多的时候也就100多人，但只要进入这个村子，不论冬夏，都能感受到这是一个活力满满的村子。

三、泥瓦匠与建筑队

村民建房时，要先向村里申请，然后大队里根据情况划给一块地，大小都是15米见方，队上划给哪里就是哪里。盖什么样的院子，前出厦的或其他样式的，都是自己定。宅基地除了村里分的，个别家庭也可以从同族手中购买。据一位村民说，她家1993年买的宅基地，花了3000块钱，现在要买得花2万～5万块钱了。地址选好了，还要找个明白人看看，在春天里挑个好日子开始动工，开工的时候一定要放鞭炮。动工的时候一般都是选双日子，上梁也要选良辰吉日，然后再烧香、上供、放鞭炮。上梁时要在一张红纸上写"吉日上梁"贴上，门上写"吉日安门"。盖大门时选带有"家和万事兴""吉祥"字样的瓷砖贴上。

泰山石敢当

垒墙

搭建一个院子连同盖房需要花一个多月的时间，一般盖房得分"好几气儿"，盖了房，过些时日再盖大门，然后再盖别的小屋的。因为一气儿把一套房子都盖完，对精力和财力都是一个很大的考验。原来村里盖房是自己家里的兄弟们帮忙，家里兄弟少的就请泥瓦匠。盖房子特别能体现村落亲邻互助的习俗，舅、姑、姨等亲戚不仅都会来帮忙，而且来时要带烟酒帮场(显示主人家的面子)。本家兄弟、叔侄等亲属也来帮忙，但不带烟酒，邻居往往主动来帮忙。此时来帮忙的人多显得主家"场面"(有面子)、人缘好、威望高。

现在盖房子，都是承包出去让泥瓦匠干。承包，就意味着主家其他什么都不用管了，只管支付工钱。盖 4 间屋子，“不带料，不算大门”，工钱需要 7000 元钱左右。“料要主家自己备，土厂有土，买水泥有博山的水泥厂，买砖有近处的砖厂，石头在麻峪附近的山上，自己去拉，或人家送。太少了，十吨八吨的不送。这边麻峪、普通有定点卖材料的店，少了就在店里买，多了就去厂里买。”①大家都知道自己盖房子在经济上比较划算，但是现在想找到青壮年不太容易，他们都外出打工了，人们也不好意思让兄弟子侄请假回来帮自己盖房子。

一户人家告诉我们，1993 年盖房花了 2 万多元，请附近的泥瓦匠来盖房，料是自己家备好的，人工费用是每人每天 2 元钱，盖了 40 来天。刚开始的时候光管水、不管饭，泥瓦匠自己带饭，主家只管给加热一下。后来为了省时，干脆连饭食也管着，把工人照顾好了，工人也会尽心尽力地干活。

最近几年，盖一个 15 米见方的院子需要 10 万元钱左右，20 年前两三万元就盖起来了，但现在无论是水泥、钢筋还是人工费，都比以前贵了很多。20 世纪 80 年代，邴业江学活儿的时候，工钱才每天 3 元钱，后来干技工的 30 多元钱，现在都得在 100 元钱以上。

邴业江 50 多岁，是村里经验比较丰富的泥瓦匠，他从 1982 年开始就一直在做泥瓦匠，2000 年以后，因为家里的活比较忙，才不干泥瓦活了。有时候亲戚邻居请他帮忙，他也搭把手，比如他叔叔家要垒临时院墙，找了七八个亲戚帮忙，他就是这几个人的总指挥。

村里像他这样专门盖房的泥瓦匠有七八户。他们过去都是跟着别的建筑队到南麻峪、北麻峪、博山干活，盖村里人的住屋和城里人的商品房，也盖厂房。这几年村里建筑队多了，数一数有 6 个之多，十几个人凑伙就能搭成一个队，其中一个建筑队所有成员都是横顶村村民。邴业江说：“一个队十五六个人，有技工，有壮工，有大工，有小工。我干的时候就一个队，一年干半年，春天出去，天冷了就不干了。忙了就回家种地，秋收也回来，种地要紧，闲时或是(答)应了的就得干。我出去干活，地里的活儿就是女人干。年收入还是种地多，干建筑不多。”②

---

① 访谈对象：邴立敬(男，42 岁)；访谈时间：2006 年 12 月 3 日；访谈人：张玉。

② 访谈对象：邴业江，男，44 岁；访谈时间：2006 年 12 月 4 日；访谈人：张玉。

四、红白理事会与调解委员会

红白理事会与调解委员会都是20世纪70年代组建的。

1974年9月1日，根据国家移风易俗政策，村里对去世的人实行火化，并成立了红白理事会，由年龄大、有威望、会“办事”（懂习俗礼仪的操作）的村民组成，姜玉才、栾兆登、田洪方、姜绍祯等人都担任过理事会成员，邴业永年轻的时候也参加过这个红白理事会班子。这个民间组织是很灵活的，一直有年轻人跟着学习，随时保持4～5个人的规模，不间断地为村民服务。说是“红白理事会”，但一般是处理白公事，红公事仍然由家庭和家族负责，所以它的实际功能限于“治丧委员会”。

现在红白理事会的成员有5个，分为正副总管、里柜、外柜和外务。现在的红白理事会总管是栾兆堂，他是2016年加入的，负责安排各项事务。副总管是孔凡清，负责辅助总管。里柜负责掌管主家交付给理事会的资金，任何花费都从他手里支出，费用不足由主家添补，若有余额也交给主家，总之要保证算出账来，支出分毫不差。现任里柜是71岁的姜绍祯，他17岁“下学”就开始跟着干里柜，学习看东西、发东西、写花圈和挽联、发铭旌。外柜和外务是田洪才和邴宗富，“负责记账”，同时也“负责在外面安排，告诉主家还缺什么东西，让主家去置办”。这几人又被人们按照传统习俗称为“执事”，全都是本村能“办事”、威信高的人。办一次丧事，主家给红白理事会成员每人每天80元（时间一般为2～3天），即便如此，现在也很少有人愿意干。挣钱的活儿很多，出门打工每天怎样也都能超过100元，所以目前的红白理事会成员都是老年人，想增添年轻人进来越来越难。

长期以来，横顶村由横顶、财神庙、五里桥3个自然村组成，家户之间、家庭内部很难避免矛盾和冲突的发生。过去村里发生了矛盾，依靠家族文化和乡规民约来解决。20世纪70年代，横顶村成立了调解委员会，负责调解一般民事纠纷，包括家庭纠纷、邻里纠纷、经济纠纷等等。村里常见的家庭不团结、邻里纠纷、养老问题，都会请调解委员会出面解决。特别是养老问题，调解委员会成员必须出面调解，公正处理，解决纠纷后还要将老人的后续养老问题落实清楚。遇到兄弟之间有矛盾的时候，调解委员会还会征求

其父母、家族长辈的意见，共同处理，以公平、正义原则为先，最后把大事化小、小事化了。一般情况下，调解委员会都能依据公平原则和乡规民约将矛盾控制在民事纠纷的范围内，矛盾双方都能通过协商的方式解决，近几十年来只有一例上诉至法院的事件。

最开始的时候，是老党员和退休村干部担任调解委员，随着时间的推进，人们掌握了一些经验，调解工作便由两个村委成员分管。刚刚接手横顶村分管调解工作的是田洪涛，但由于十几年来都是邴业永和邴爱英负责调解工作，人们有时候还是会出于惯性去找他俩。

邴爱英，1957 年出生于南麻峪村，上面有两个哥哥和两个姐姐，当时吃糠咽菜、勉强度日的家庭已无力抚育孩子，用邴爱英话来说就是“你吃糠咽菜我也吃不上”。在邴爱英六七岁的时候，生父母便将她送到了横顶村，为的是让她有一个活路。邴爱英的养父是一位在抗日战争中负伤的残疾军人，他从部队转业之后就一直从事农业劳动。邴爱英的养父母生活条件很好，十分疼爱她，“在这个家我没受到过半点难为”。八九岁的时候，邴爱英开始上学，上到三年级，之后又去上夜校，半工半读。长大在家呆了几年后，邴爱英去了生产队，负责给大集体烙单饼、做菜。1978 年，邴爱英正式进入管委会。1995 年，通过村民选举，邴爱英进入支部，兼任支部委员和村主任，负责妇女工作、调解工作和村务工作，一直干到现在。

邴爱英担任村主任的同时，也是婆婆的儿媳、丈夫的妻子、儿子的母亲、孙子的奶奶，平衡家庭和工作真的是非常难。她的原则就是先忙村里的事，最后才是自家的事，家里的事是什么时候有时间就什么时候干。有一次大年二十九忙着蒸馒头的时候，她接到开会的消息，放下手上的活，就跑着去开会了，结果过年的馒头也没置下，只好去店铺里买现成的。人家的孙子都是奶奶看大的，她的孙子是亲家哄大的，所以邴爱英对孙子还是有歉意的，她只是去伺候了一个月的月子就回来了。

邴爱英从小在横顶村长大，后又嫁在横顶村，对村里的方方面面非常熟悉和了解。在同龄人群体中，邴爱英算是会识文断字的，又经过各种工作锻炼，能力强。同时她与三个大家庭、一个小家庭，即生父母家、养父母家、婆家、儿子家，都保持了良好的关系。她在生父母将她送人的情况下，还是尽量去理解他们。在不能帮儿媳照看孙子的时候，她尽量通过各种方式补偿，以争取儿媳的

理解。儿媳妇通情达理地说:“俺妈妈在家里也不闲着。”同村妇女有遇到结婚、生育等问题的,会来请教邴爱英。妇女节的时候,邴爱英会去县城开会,领上几个能说会唱的妇女在镇上表演节目,有时也集合能干的妇女扫扫街、帮助村里的老人做一些他们日常做不了的事。所以,邴爱英担任调解委员会委员是让村民足够信服的。除了村书记邴业永,人们调解邻里纠纷也常常找到她。处理矛盾时,她秉持的原则是一碗水端平,不偏不倚,分清是非曲直、谁对谁错,能解决就一定解决,使村民达成和解,保持邻里和睦。

还有一位叫魏翠英的老人,她曾同时担任过治丧委员和调解委员。魏翠英生于1925年11月,2006年9月去世,她17岁加入中国共产党,曾是抗日战争、解放战争中的支前模范,1983年获得全国“三八红旗手”的荣誉称号。1949年后,魏翠英一直担任横顶村妇女主任、调解主任、治丧主任、村党支部副书记。不管是村民反映还是当事人找上门,她都不辞辛苦,深入到家中进行调解,使矛盾得以化解。五里桥和横顶相隔不到3公里,村民起了争执,哪怕是夜里十一二点,她依然前去调解。在治丧方面,只要有村民家传来噩耗,她都会第一时间去探望、安顿和抚恤失去亲人的家属,使家属的悲痛之情得到极大的缓解。

横顶村治丧委员会和调解委员会在发挥积极作用的同时,对家族功能也有一些挤压。比如,原来由家族长老负责操办丧事,现在由治丧委员会负责;原来由家族长老处理家族内部矛盾,由不同家族互相协商处理家族之间的矛盾,现在统统由调解委员会进行调解。

五、家家都会做豆腐

豆腐在横顶村是一种非常普遍的食物,它既可以用来招待日常来访的亲戚,也可以被用在红白喜事的席面上。横顶村既有人家专门制作豆腐售卖,也有家家做豆腐的习惯。有的人家冬天做,送人或存放自用都比较方便,也有的人家根据家里的人口和条件,也有可能夏天做,人多了就“出一包袱”。做豆腐是用筛子,“担到那锅上,使个箩床,用舀子舀上,使那包袱缠住它,用盖垫压”。所以人们常用“一包袱”作为做豆腐的量,但也有许多人以“作”为量词,一“作”豆腐大约40斤重,一“包袱”豆腐则在15~20斤。

筛子上面是豆腐，底下是箩床

箩床

人们习惯将豆腐切块后放油锅炸制，炸过之后再根据菜式进行加工。博山有一道地方名菜叫“豆腐箱”，横顶村这里也有，不过那是逢年过节或者有重大事情比如娶媳妇才用的菜。这道菜当地厨师都会做，是将豆腐切成块，放油锅里炸开，然后把里面没炸透的部分掏出来填上馅儿，再放蒸锅里蒸。有时候也将豆腐块儿挖成柜子状，填上馅儿，一起油炸，饭店里常见这种做法。白事的时候，豆腐要唱主角，将豆腐切成块儿，入锅油炸，用白菜熬豆腐，凡是来吊唁的亲戚一人一碗。春末夏初是点花生的季节，有的老人家里人手不够，便要请人帮忙点花生、铺地膜，这时一般都会称上5块钱的豆腐做一道菜。许多老人平常也把豆腐当作主要菜品，表面上是因为豆腐烧法简单，事实上，是大部分老人的子女不在身边，为了减少日常家务的复杂，他们就选择了“性价比”高的豆腐作为一天的主菜，如果子女在家，那就“大鱼大肉地上桌”了。将豆腐和韭菜做馅儿包饺子，也是常见的吃法，能干的主妇将饺子皮擀得极薄，下锅一煮，很快就熟。

韭菜豆腐饺子馅儿

和庄镇饭店里预备油炸的豆腐箱半成品

另外一种吃法是将山上的韭菜切碎和上盐水，浇在刚出的热豆腐上，人们吃的时候感到热乎乎、辣乎乎，很快就出一头汗，极其过瘾。早先往来于古道之上的人们，便在途经财神庙时，从做豆腐的孙即兰大娘那里买点热豆腐吃。

孙大娘是村里有名的利索人，人人称赞。她不仅人长得俊俏，而且将家里收拾得特别干净，什么用具都擦得锃亮。孙大娘的娘家在北麻峪村，她在结婚前就是有名的巧姑娘，推磨、推碾、做饭、做煎饼，那真是“什么都会”，后嫁到横顶村跟着婆家住在财神庙村，开始做豆腐、卖豆腐。她一天卖三垛，推 4～5 公斤豆子。

来买豆腐的人都是西乡里的客人，那些推炭的、卖菜的（当时横顶村不种菜，因此也是客商的一个销售地点）路过这里，就坐下来买块豆腐吃。客商们自己带干粮，如煎饼之类，也有的过往客商用锡包盛水和粮食，光吃这里的豆腐。孙大娘和婆婆两人在家门口临街的地方摆上四五张小桌，桌边放上座位，一张桌边可以坐好几个人。一块豆腐卖一块五毛钱，还提供免费汤（开水）和“蘸水”。蘸水就是辣椒酱（将干辣椒炒一炒，在磨上碾碎了，再兑上一点水，搁上一点盐，搀上一点豆子，做成辣椒酱），吃豆腐时蘸着吃，特别香。

孙大娘一家早晨做豆腐，中午、晚上还要卖豆腐，客人坐下了，孙大娘先给他舀汤，然后端上豆腐，看客人的汤没有了，就赶紧给添上汤水，蘸水没有了就给添上蘸水。到吃饭的时间，客人多了，孙大娘忙得团团转。待客人吃了饭走了，她和婆婆才吃饭，冬天在外面很冷，她冻得手脚发麻。因为孙大娘家临街，而这条街又是东西往来的要道，通到泰安，原来拉煤的、拉菜的人推着车子都走这条道。因此，当年他们家的豆腐店生意还不错，做的豆腐在当地也颇受欢迎。虽整天忙忙碌碌，但由于本小利薄，孙大娘家的豆腐店也落不下什么钱，常常最后就落了个豆腐渣，人吃一半，猪吃一半。

当时财神庙附近有好几家开豆腐店的，“1958 年吃食堂以后”，门前这条路就没有那么多人走了，渐渐地其他卖豆腐的人家就都不干了，再加上交通条件改善，骑车的人多起来，停下来吃饭的人越来越少，家门口的摊子已经无法维持收支。那时候孙大娘的丈夫有结核病，村里照顾他，让他去看林场，能挣 7 个工分，但家里 4 个孩子，怎么也吃不饱饭啊！孙大娘就带着闺女

一起磨豆腐，挑着豆腐出去卖。俩儿子年幼，还得上学，所以孙大娘就指望俩闺女。尤其是大闺女没少受罪，天天推碾，裤子都磨破了。那时两个闺女都是十几岁，用扁担一边挑着豆腐，一边挑着筛子，一块儿去西乡。去西乡，来回 15 公里路，俩闺女早晨天不亮就得起床，天还没冒鱼肚白就出发了，10 点多才能到集市上开张。有的人拿钱买，有的人拿地瓜干来换，闺女最后卖光豆腐，再去卖地瓜干，用换得的钱买豆子以备第二天做豆腐的原料。当时家里也种地瓜，但是根本不够吃。一直到两个孩子平安回到家，孙大娘才放下自己提着大半天的心。卖了豆腐回家来，闺女还得到地里干活，就这样，闺女挑担子卖了四五年，80 年代初出嫁以后才转了行。

提起以前卖豆腐时的穷苦日子，孙大娘有很多感慨：

> 以前太穷了，就吃豆腐渣，不吃豆腐，卖豆腐的钱得买豆子啊，自己落不着吃豆腐。豆腐卖完了，再掐（买）豆子，再出（豆腐）。推着磨推着碾不住工，很累，光挣着豆腐渣吃。那时没有别的经济来源，这里又没有厂矿，光指望地里来的不够吃。那时候不兴做买卖，就是种地，啥也种，比如地瓜、花生。穿衣裳也穿不上，穿得那么破，打的粮食既等着吃，又得换衣裳，家里人多，供不过来。①

回忆以往，对比现在，孙大娘觉得现在“天天都跟过年一个样儿”。

村里现在有两家专门做豆腐销售的，其中一家是孔祥军家，另一家不常做。现在做豆腐的流程和过去不太一样，机器大大减轻了人的辛劳，但是所耗费的时间还是相当多的。孔祥军夫妇经常在凌晨一两点起床，到了 5 点多，豆腐已经卖光了。做豆腐需要提前将黄豆用水浸泡两三个小时；待黄豆饱满了之后，将豆子用机器搅碎；再用纱布将搅碎的豆渣过滤出来；然后烧开过滤出来的豆浆；倒入酸浆（要两到三次或者更多），搅匀之后，继续烧火，用盖子盖一会儿，豆腐花（豆腐脑）就出来了；用一块干净的布铺在筛子上，再将豆腐脑舀进去，然后用力挤压，豆腐便成型了。

这里所说的“酸浆”是非常关键的东西，和石膏点的豆腐叫“膏豆腐”、卤水点的豆腐叫“卤豆腐”一样，酸浆点的豆腐就叫“浆豆腐”。这种豆腐豆香味儿极其浓郁，是横顶村的特色。豆腐做好以后会漏下来一些浆水，叫“白

---

① 访谈对象：孙即兰，女，78 岁；访谈时间：2006 年 12 月 4 日；访谈人：张玉。

浆”，其中一部分留着发酵，变成酸浆用来第二天点豆腐，用不了的便自己留着喝或者刷锅刷碗、喂猪。据说白浆当水喝能促消化，用它洗头还能不长白发。

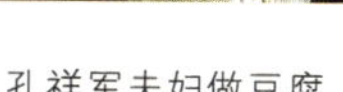
孔祥军夫妇做豆腐

黄翠凤盛豆腐花

如果孔祥军夫妇感到“使得慌”（很累），就隔一天出一“作”豆腐，不“使得慌”就一天一作，一作豆腐大概 20 公斤，用 10 多公斤豆子。孔祥军夫妇年轻的时候更能干，现在年纪大了，也不能出太多了。过年的时候他家的豆腐做得多一些，一天有时要做六作。因为那时大家都忙年，有的人家没有时间自己做豆腐。做豆腐主要的工作是由孔祥军的妻子黄翠凤完成的，她说：“这里的人基本都会做豆腐，不用特别去学，家里人都会教的。我妈就会做豆腐，平时看看也就学会了。现在我母亲也 80 多了，做不了了。”孔祥军家里的碎豆机和铁锅都还是老人传下来的，梆子都用坏了好几个，正在用的一个还是 5 年前做的。敲梆子的活儿是孔祥军的，他有自己的活计，仅在妻子需要的时候帮忙打下手，豆腐一做成，他就敲着梆子出门，在大街上敲几分钟，等到妻子出来倒刷锅水，他就知道豆腐卖完了，便停止敲梆子。其实，早晨 5 点钟尽管已经有许多人起床下坡干活了，但整体上还是比较安静的，一敲梆子全村都能听见，就算不敲，只要到了这个时间点，需要豆腐的人也就自己过来了，呼啦啦几个村民不约而同地都来了，20 多公斤豆腐十几分钟就卖光了。

孔家的豆腐尽管贵了一些，但他家的豆腐是 1 斤豆子出 2 斤豆腐。卖豆腐利润不高，孔祥军也不能指望做豆腐养家，平时他还要种地、卖菜、卖水果、跑运输。剩下的豆腐渣也是有用的，孔祥军专门养了几头猪，就是为了用豆腐渣做猪饲料。有时候也有人来讨要一些豆腐渣用葱和辣椒炒着吃，用煎饼一卷，吃起来自有一番美味。

六、齐心协力修村庙

初到横顶村，人们最想让你看到的是庙，还有庙里的那些碑；最想讲的是庙和村子的历史，人人都能给你讲述他们的鲜活记忆。数次田野考察，我们把横顶村的碑刻资料都进行了拍照和文字整理，并按照时间顺序进行了编排。从能确知时间的碑刻来看，横顶村的6座庙从清中叶康熙初年至清末光绪年间至少修过6次，其中有七圣堂和玄帝庙的重修以及石君祠、牛王庙的创修。20世纪70年代末，村里所有的庙宇都只剩下残迹甚至彻底被损毁，它们一度被当作学校和生产队的仓库，尤其是东庙和西庙，年久失修，村民无比遗憾和痛惜。

每一次修庙，人们都会留下碑刻，记录下那些为此事奔走、操心、付出的主办人，以及积极参与各种事务的善男信女，还有以劳动和捐款及其他形式参与修庙的广大普通村民。碑刻用平和的语言将修庙时的盛况娓娓道来，但是这种记录并不能反映出修庙的实际过程。事实上，不管用多少文字，也无法将修庙的艰难描绘出来。正如栾兆堂说的那样："（修庙）有多难，俺们知道！"说起修庙的大事小情，几个主办人觉得三天三夜也讲不完，回忆起当初如何克服一个一个困难，如何忍受委屈，尽管十几年过去了，讲到动情之处，他们仍然流下满脸泪水，令我们唏嘘不止。

修庙总是需要有人带头，需要有人操心，去做一件一件具体而琐碎但又必需的事情。但修庙毕竟不是一件私人的事，而是关乎全村乃至周边村落的大事。获得方方面面的支持真的非常困难，得到所有人的理解和认可更是难上加难。譬如，栾兆堂曾被误解带头搞封建迷信、不务正业，以至镇政府专门对此进行了解调查。当时村委会表态说明赵兰香等村民捐款是自觉自愿的，修庙也有助于保护村里的文化遗产，再加上栾兆堂被问及修庙资金的来源时，栾答全是自愿，自己和女儿都有捐款，而且没有耽误农业生产，最后此事也就作罢。

村里的庙是有历史的，信仰也是有传统的。2000年以后的社会环境已经和以往不同，人们对民间文化的看法发生了很大的改变，因此村委会对修庙也是持肯定态度。修庙过程中最艰难的可能是获得人们的支持，这主要

表现在集资上面，全村大部分家庭的经济条件都不好，而建庙又必然需要一大笔钱。钱从哪里来？几个主办人只好去动员全村乃至南、北麻峪两村村民一起捐助，人们到周围及平常有联络的村庄去贴广告，栾兆堂、赵兰香、姜绍祯、赵玉玺、耿佃华等人还推着独轮车到附近的村庄去收集小瓦。修庙时村民自发前去帮忙，每天都不少于 20 人，前后至少有 150 人为修庙做过工。为此，村里设有专人记账，1 元钱张榜，30 元钱留名（上碑），为修庙干义务工 15 天可以上碑，同时每天都张榜公布干活的村民名单。

修庙能得到很多人的支持，除了因为信仰的根基依然存在以外，就是存在着人们将“修庙”与“积德”相联系的文化观念，即为修庙出钱、出力实际上也是在为自己和子孙后代积累功德。每天张榜记录干活人的名单，这种个人荣誉的展示也对人们起到了一种无形的激励作用。有一位 80 多岁的老太太虽然不识字，但仍能在碑上准确地给访谈人员指出她老伴和女儿名字的准确位置，同时对自己女儿的名字处于比较靠前位置颇感欣慰，这确切地显示出修庙本身对她全家而言具有部分重要意义。

村民齐孝信年逾七旬，他家自祖上从事建筑已有 100 多年的历史，瓦工施工由他和栾义昌负责，木工由姜绍圣和王世玉负责，广大村民也踊跃参与。庙上层及前后墙、山墙一部分全部损坏了，陈旧材料全部换新，庙房顶用黑色小瓦换新，庙脊按照原样修复，庙大门亦按照古建筑风格建修，大门口上方有一石匾，“泰山行宫”四个字由著名书法家马玉昌书写，温奉森刻制。

西庙建筑完成后，又开始修复壁画。当时，壁画有些已经开始脱落了，要想原样保存，技术力量达不到，只好另行制绘。“文艺人不给钱不愿意做”，要几百元一平方，整个工程要花 7000 多元。后来只好发动各种力量，把出生于横顶、现居村里村外的专业画家和业余画家以及当地教师汇合起来，包括郇仁礼、邴华、邴宗增、马玉昌、丁龙池、郇仁亮、邴宗会等人，大家群策群力，总归是将原来的壁画进行了再现，这算是全村的“一个历史遗迹”，神像仍由孟凡众塑绘。

目前，村里的 6 座庙是大家伙一起捐款、一起辛辛苦苦修起来的，要记录下这些历史，人们就得刻字立碑，以示纪念。村里的温奉森不仅参与了庙宇的重修，还做了很多组织和协调工作，同时也撰写了四块碑文。温奉森幼

年时就博闻强记，尤其喜欢文学和历史，从事过新闻报道工作，是远近闻名的“文化人”，所以由他来写碑文能获得村民的认可。撰写碑文，一方面是回忆庙宇历史、记叙历年修庙活动的盛况；另一方面也对参与捐款的信众进行了统计与展示。这是一个传之久远的纪念方式，唯有那些碑文和人们的记忆才能让庙宇和村落的历史有所凭依。

修建西庙时，动员的社会力量非常广泛。比如，莱芜市文化局的文物专家到庙里进行实地勘察和指导，将庙墙上原有壁画拍照留底以备以后照原样修复，文物专家当时还提了一个要求——“高标准，高质量，按原样修复”，希望大家尽心尽力保护好一切文物。领导和专家的到来极大地鼓舞了大伙儿的信心。在2004年1月19～24日的开光大典上，村里还邀请了莱芜市文化局、市日报社、市电视台、和庄镇政府等单位和莱芜梆子剧团，方圆几十里的群众前来观看演出，烧香拜神。在整个活动中，广大村民人人遵守纪律，个个乐于奉献，使活动有条不紊地圆满完成。这一次盛会为庙宇筹集了一些急需的捐款，更是极大地提高了横顶村的声誉。

当盛典结束、一切恢复平静的时候，谁来继续照管那些庙宇呢？谁在平日与年节时一丝不苟地敬奉那些神灵？谁在一年一度的庙会时辛苦组织、具体操心？目前，西庙由赵兰香照管，东庙和龙王庙由栾兆堂、姜绍祯、耿佃华、邴业福照管，石君祠、财神庙和牛王庙由姜桂花照管。这几位村民一年到头要将许多精力和时间花费在庙上。

我们在田野考察过程中，村民简直可以说是无条件地配合，尤其是听说要写一本有关横顶村的书时，大家在提供资料、配合拍照方面更加积极。人们对自己的家乡抱有非常强烈的自豪感，认为横顶是个历史文化名村，“有些东西是民间代代相传的”。正是在这样的情感支配下，村民将自己微小的力量汇聚成壮阔的大河，重修庙宇，振兴村落，这才有了现在的横顶村。正因为如此，在波澜壮阔的城镇化潮流之下，横顶村才既能保留传统风貌，又能焕发新生活力。

附　录

一、庙宇碑刻

以下是有关庙宇碑刻的记录以及相关文字记录。

(一)西庙施财碑(年代不详)

西庙院里有一块断碑,为施财碑。上写《碑阴题名》:“各乡庄村施财善士……”但是未能找到年号,碑上的姓名大约有1/3依稀可辨,如牛、李等。按常理推测,背面肯定有字,或为碑记,但看庙人赵兰香十分肯定地说后面没字,说是曾掀开看过。

西庙施财碑(年代不详)

(二)杨家横重修泰山行宫□□一座(康熙年间,残碑)

楊家横重修泰山行
宮□□一座
領袖□人李舉桂
劉□□　李進常
劉□成
安尙□　□□成
周見父
安　德　王
韓　運　吳尙桂

杨家横重修泰山行宫□□一座(康熙年间,残碑)

(三)重修七圣堂碑□记(乾隆四十年,残碑)

重修七圣堂碑□记(乾隆四十年,残碑)

(四)山东泰安府莱芜县杓山保杨家横庄南北麻峪庄重修玄帝庙七圣堂碑记(嘉庆十年)

山东泰安府莱芜县杓山保杨家横庄南北
麻峪庄重修玄帝庙七圣堂碑记(嘉庆十年)

(五)创修石君祠碑记(嘉庆十年)

创修石君祠碑记(嘉庆十年)

(六)杨家横南北麻峪三庄创修牛王庙碑记(光绪二十一年)

杨家横南北麻峪三庄创修牛王庙碑记(光绪二十一年)

(七)横顶村重修石君祠牛王庙碑记(1995年)

横顶村重修石君祠牛王庙碑记(1995年)

(八)重修玄武帝庙功德碑(2002 年)

重修玄武帝庙功德碑(2002 年)

(九)横顶南北麻峪重修泰山行宫碑记(2004 年)

横顶南北麻峪重修泰山行宫碑记(2004 年)

(十)横顶南北麻峪村玄武帝庙新塑像重修门楼碑记(2006 年)

横顶南北麻峪村玄武帝庙新塑像重修门楼碑记(2006 年)

(十一)横顶南北麻峪三村龙君庙重修绘画墙塑神像碑记(2007 年)

横顶南北麻峪三村龙君庙重修绘画墙塑
神像碑记(2007 年)

（十二）重建龙君殿序（2007 年 9 月）

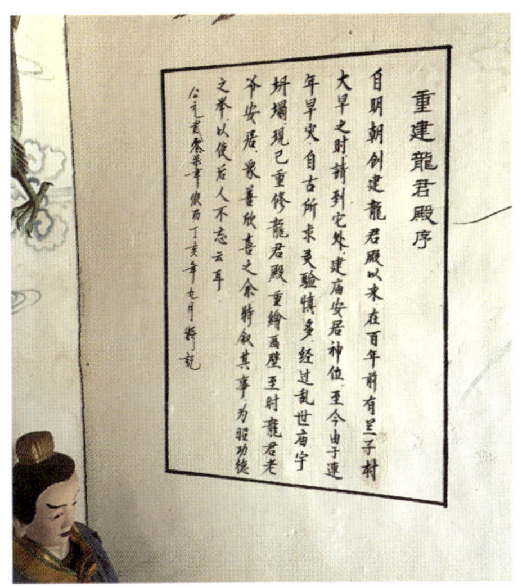

重建龍君殿序

自明朝创建龍君殿以来在百年前有呈子村大旱之时请到宅外，建庙安居神位，至今由于連年旱灾，自古所求灵验情多，经过乱世庙宇坍塌，现已重修龍君殿，重绘画壁，至时龍君老爷安居，众善欣喜之余特叙其事，为昭功德之举，以使后人不忘云耳

公元贰零零柒年农历丁亥年七月特记

重建龙君殿序（2007 年 9 月）

（十三）横顶南北麻峪村重塑石君牛王两庙神像碑记（2008 年）

顶南北麻峪村重塑石君牛王两庙神像碑记（2008 年）

(十四)泰山行宫开光大典邀请函(2004 年)

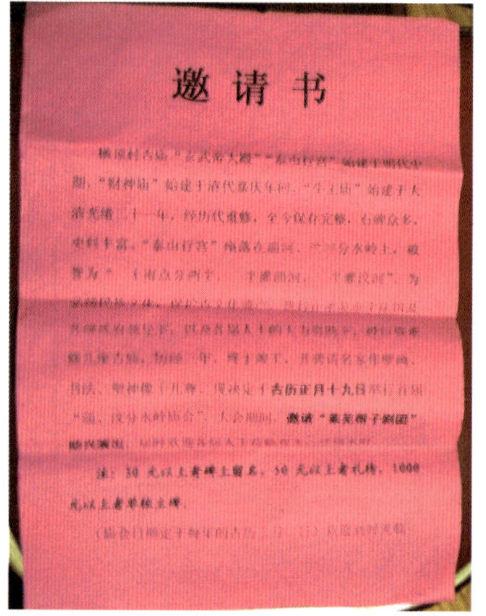

邀请书

泰山行宫开光大典邀请函(2004 年)

二、重要民俗资料提供者简介[①]

邴爱英,女,60 岁。

邴笃堂,男,访谈时(2006 年)76 岁,已故。

邴笃忠,男,79 岁。

邴敬成,男,43 岁。

邴业江,男,55 岁。

邴业永,男,69 岁。

邴宗会,男,71 岁。

崔春玲,女,41 岁。

丁福云,女,43 岁。

丁俊玲,女,42 岁。

耿佃华,男,63 岁。

① 重要民俗资料受访者年龄(除标明者外)均为 2017 年时年龄。

耿佃春，男，71岁。

黄翠凤，女，54岁。

黄敬荣，女，56岁。

姜绍祯，男，71岁。

姜玉水，男，访谈时（2006年）82岁，已故。

孔凡玉，男，83岁。

孔庆义，男，64岁。

孔祥凤，女，56岁。

孔祥军，男，54岁。

栾玉芬，女，73岁。

栾兆堂，男，69岁。

齐秀莲，女，61岁。

孙翠花，女，79岁。

孙即兰，女，89岁

孙即英，女，74岁。

田福恒，男，76岁。

田福学，男，69岁。

田洪金，男，62岁。

田洪玉，男，68岁。

王世玉，女，56岁。

王振柏，男，62岁。

温传教，男，91岁。

温传友，男，访谈时（2006年）67岁，已故。

温奉森，男，55岁。

吴基汉，男，访谈时（2006年）82岁，已故。

徐长彬，男，62岁。

薛玉英，女，86岁。

赵桂兰，女，77岁。

赵兴兰，女，66岁。

赵玉玺，男，72岁。

后记

与横顶村结缘是在2006年。那一年我的导师叶涛教授带着学生去横顶村及周边村落考察石敢当信仰，发现了横顶村，它像珍宝一样引起了我们的注意。2006年冬天和2007年春，我带着杨冰、刘爱昕、张玉、郭俊红、郭贵荣、张礼敏、刘晓、张萌等人先后三次对该村进行了民俗志调查。此后与横顶村的往来，更多的是将田野关系转化为亲人、朋友之间的互帮互助与礼物交流。2017年，我又先后在杨冰、彭俊彰、樊宇、曲实、王宇栋、温玉多、骆晨茜的帮助下对横顶村进行了五次田野作业，张礼敏还对早期的村庄示意图进行了更新，本书图片也来自参加调查的所有人员，这些资料都成为本书写作的基础。对以上师友的无私付出，在此谨表示诚挚的谢意！

每次去横顶村，都有许多村民的积极相助，这些村民有的具体事迹出现在书里，有的以各种形式提供资料，所呈现的访谈人名单也许有遗漏。11年前来调查的师生，11年后照样被当时的访谈对象问起，而我见到村民也能脱口喊出他们的名字，这样的情感联系只会永远深藏在我们双方的心里。后来，我又与许多村民建立微信联系，缺少的资料请他们提供，不能亲自参加的仪式请他们帮助拍照记录，在写作中的疑惑也请他们解答，通过他们的朋友圈了解村庄动向。初稿完成后，又打印数份，请主要资料提供者邴业永、栾兆堂、赵兰香、孔祥军、邴爱英、温奉森、耿佃华等村民逐一阅读、核实谬误，他们诚恳地给我指出了错误，表达了对书中信息疏漏或文字详略的真诚看法。对于他们的不同看法，有的我当场改正，有的我们进行了深入的沟通，达成了双方之间的理解和谅解。就此而言，这本书应该是我和横顶村民的集体成果。他们同时也允许本书使用真实姓名，感谢他们！更要感谢的

是三位已经去世的访谈对象，分别是吴基汉、温传友、郈笃堂三位老人。当时他们曾分别给访谈人讲述有关传说和家族习俗，至今我们还能感受到老人为冻得发抖的访谈人倒一杯热水的暖意。谨以此书献给他们，愿他们的在天之灵平静安宁！

向横顶村每一位村民致敬！这不仅是因为他们对本书写作提供的帮助，更是因为他们对生活的热爱，这种热爱成全了鲜活的个体人生，成全了村庄的历史和未来。我爱横顶村，每一次离开，都深深地盼望着下一次的相会。我像爱故乡一样地不厌其烦地对朋友们推荐："莱芜和庄镇有一个横顶村，非常棒，值得去看。你就是在那里呆一整天，也呆不够。"这并不仅仅是从一个民俗学者的视角出发得出的看法，而且也是从一个普通人的角度出发得出的看法。你们会看到，横顶村有活力、有热情，她在波澜壮阔的城镇化潮流中已经成长为一颗闪亮的明珠。你们也会发现，横顶人依然保有着淳朴、勤劳的传统。特别是在红冠桃上市的时候，十几天的时间里人们忙碌不休，每一位村民都晒得黑黑的。为此，我也在 2017 年 6 月 1 日通过微信参与了横顶与南北麻峪三村联合筹建幼儿园的捐款工作，我希望能用自己微薄的力量，为我们的横顶做出贡献，能让她变得更加美好、富强！

11 年前，莱芜市莱城区和庄镇文化站站长黄象浩陪同我们做了一次调查。11 年后，他已经退休，又数次陪着我们从和庄到南北麻峪、到横顶。我们每一次田野作业的辛劳和快乐都有他的参与，他和那些提供资料的村民一样，是真正热爱乡村文化的人，在此向他致敬！我们 11 年前的调查还得到了莱芜市史志办、武装部、税务局以及莱城区和庄镇政府、和庄镇税务所的协助，在此谨对以上单位表示诚挚的谢意！

2017 年进行的第五次调查，有三次是把孩子独自放在家中，两次是不得不带着他跟我调查。第一次是凌晨 4 点起来看孔祥军家做豆腐，当我写好描述那一段场景的文字，请他阅读，他竟然给我挑出了三处错误，比如我认为读者能理解的方言，但他认为不是所有读者都能理解，建议在括号里加上注释，我接受了他的建议。那次调查使他也深深地爱上了横顶村，念念不忘横顶的山、水、庙、人，特别是和蔼的郈爷爷。他所念念不忘的，有些还没有进行调查，只能留待日后再去深入考察与补充。第二次去横顶村，因下雨及起大雾，平时 2 个小时的路程走了 4 个小时，孩子晕车严重，痛苦不堪，但到

了村里，他还是积极地跟着我把桃市的每个角落都看了一遍，他品尝了一个桃子，夸赞比在自己家门口买的要甜……

作为署名作者，我对书稿已经尽心尽力，但挂一漏万，资料难免有不准确的地方。一些信息尽管经过主要资料提供人的核实，但未见得能确保典型性和代表性。在此敬请读者批评、指正！

刁统菊

2017年7月31日

图书在版编目(CIP)数据

横顶村/刁统菊著. —济南:山东大学出版社,
2017.12
(山东村落田野研究丛书/张士闪,李松总主编)
ISBN 978-7-5607-5910-4

Ⅰ.①横… Ⅱ.①刁… Ⅲ.①村史—莱芜
Ⅳ.①K295.25

中国版本图书馆 CIP 数据核字(2017)第 328719 号

责任策划:傅 侃
责任编辑:陈海军
装帧设计:牛 钧

出版发行:山东大学出版社
社 址 山东省济南市山大南路 20 号
邮 编 250100
电 话 市场部(0531)88363008
经 销:山东省新华书店
印 刷:山东华鑫天成印刷有限公司
规 格:720 毫米×1000 毫米 1/16
12.5 印张 198 千字
版 次:2017 年 12 月第 1 版
印 次:2017 年 12 月第 1 次印刷
定 价:45.00 元